"十三五"示范性高职院校建设成果

建筑工程施工资料管理

主 编 李 媛
副主编 王英春 喻 硕
参 编 谭 斌

北京理工大学出版社
BEIJING INSTITUTE OF TECHNOLOGY PRESS

内 容 提 要

　　本书共分为四个模块。模块一为建筑工程技术资料管理概述，包括3个课题：建筑工程技术资料管理的意义、作用与特征，建筑工程技术资料管理的相关概念，建筑工程技术资料管理的职责；模块二为施工文件的编制，包括8个课题：施工管理文件，施工技术文件，进度造价文件，施工物资文件，施工文件，施工试验记录及检测文件，施工质量验收文件，施工验收文件；模块三为建筑工程技术资料归档整理，包括3个课题：建筑工程技术资料归档范围与质量要求，建筑工程技术资料的组卷，建筑工程技术资料的验收与移交；模块四为建筑工程技术资料管理软件的应用，包括2个课题：建筑工程技术资料管理软件概述，工程资料管理软件简介。为了便于掌握重点和难点，各章均有复习思考题。

　　本书可作为高职高专院校建筑工程技术、工程监理、工程管理等土建类相关专业的教材，也可作为在职职工的岗前培训教材及建筑企业各级施工技术人员的学习参考书。

版权专有　侵权必究

图书在版编目(CIP)数据

　　建筑工程施工资料管理/李媛主编．—北京：北京理工大学出版社，2017.1(2017.2重印)
　　ISBN 978-7-5682-3413-9

　　Ⅰ.①建…　Ⅱ.①李…　Ⅲ.①建筑工程－工程施工－技术档案－档案管理　Ⅳ.①G275.3

　　中国版本图书馆CIP数据核字(2015)第285543号

出版发行 / 北京理工大学出版社有限责任公司	
社　　址 / 北京市海淀区中关村南大街5号	
邮　　编 / 100081	
电　　话 / (010)68914775(总编室)	
(010)82562903(教材售后服务热线)	
(010)68948351(其他图书服务热线)	
网　　址 / http://www.bitpress.com.cn	
经　　销 / 全国各地新华书店	
印　　刷 / 北京紫瑞利印刷有限公司	
开　　本 / 787毫米×1092毫米　1/16	
印　　张 / 10.5	责任编辑 / 江　立
字　　数 / 255千字	文案编辑 / 瞿义勇
版　　次 / 2017年1月第1版　2017年2月第2次印刷	责任校对 / 周瑞红
定　　价 / 28.00元	责任印制 / 边心超

图书出现印装质量问题，请拨打售后服务热线，本社负责调换

前言

就业需求是职业教育的出发点，能力本位是职业教育的教学思想，因此，职业教育的教材编写应立足于岗位要求并突出应用技术。

按照中华人民共和国行业标准《建筑与市政工程施工现场专业人员职业标准》（JGJ/T 250—2011）的规定，建筑与市政工程施工现场专业人员包括施工员、质量员、安全员、标准员、材料员、机械员、劳务员、资料员。本书从资料员的工作实际需要出发，注重资料员岗位知识的传授和专业技能的培养，实现教学与就业的"零距离"接触。

本书以现行的《建设工程文件归档规范》（GB/T 50328—2014）为基础，按照最新的行业标准《建筑工程资料管理规程》（JGJ/T 185—2009）的要求，以某单位工程为案例，结合建筑工程专业特点，对其技术资料进行了精心编制，内容基本涵盖了建筑工程的专业土建技术领域。

本书具有如下特点：

（1）内容翔实、专业针对性强。本书针对资料员的岗位知识进行了全面系统地阐述，在符合建筑工程技术资料归档要求的前提下，以"贯彻规范、简明适用、减少重复、便于操作"作为指导思想，使建筑工程施工资料的编写、整理更为规范化、标准化，充分满足资料员的岗位要求，突出了高职教育注重应用技术的特色。

（2）可操作性及实用性强。本书针对建筑工程施工资料归档所需的表格全部做了实例解析，具有较强的指导作用和使用价值，可作为规范实施的技术性工具书，是施工项目资料员的必备工具书，它有助于提高资料员的整体素质及业务水平，具有较强的实用性。

（3）新知识、新技术信息含量高。本书在编写过程中，紧密结合最新颁布的国家系列标准规范，采用行业最新的标准要求，进一步扩大了本书的可实施性，以满足高职高专土建类相关专业师生及建筑工程广大技术人员的需要。

前言

　　本书由辽宁建筑职业学院李媛担任主编，辽宁建筑职业学院喻硕、王英春担任副主编，辽阳市金山建设工程监理有限公司谭斌参与了本书的部分编写工作。具体编写分工为：谭斌编写模块一，李媛编写模块二，喻硕编写模块三，王英春编写模块四。

　　本书在编写过程中，得到了辽阳市隆嘉建筑工程有限公司项目经理冬海涛的鼎力支持和帮助，还参考了书后所附参考文献的部分内容，对此表示衷心的感谢。此外，还要感谢支持和参与本书出版工作的所有朋友。

　　限于时间和编者的水平，本书难免有疏漏和错误之处，恳请读者批评指正，并望共同交流，以便改进。

编　者

目 录

模块一　建筑工程技术资料管理概述　1

课题一　建筑工程技术资料管理的意义、作用与特征 ⋯⋯⋯⋯⋯⋯⋯ 1
一、建筑工程技术资料管理的意义 ⋯⋯ 1
二、建筑工程技术资料管理的作用 ⋯⋯ 1
三、建筑工程技术资料管理的特征 ⋯⋯ 2

课题二　建筑工程技术资料管理的相关概念 ⋯⋯⋯⋯⋯⋯⋯⋯⋯ 2
一、建筑工程技术资料的相关概念 ⋯⋯ 3
二、建筑工程技术资料的主要内容 ⋯⋯ 4

课题三　建筑工程技术资料管理的职责 ⋯⋯ 5
一、建筑工程技术资料管理的通用职责 ⋯⋯⋯⋯⋯⋯⋯⋯⋯⋯⋯⋯ 5
二、建筑工程技术资料管理的各单位职责 ⋯⋯⋯⋯⋯⋯⋯⋯⋯⋯⋯ 5

模块二　施工文件的编制 ⋯⋯⋯⋯⋯ 10

课题一　施工管理文件（C1）⋯⋯⋯⋯ 10
一、工程概况表 ⋯⋯⋯⋯⋯⋯⋯⋯⋯ 10
二、施工现场质量管理检查记录 ⋯⋯ 11
三、企业资质证书及相关专业人员岗位证书 ⋯⋯⋯⋯⋯⋯⋯⋯⋯⋯ 14
四、分包单位资质报审表 ⋯⋯⋯⋯⋯ 14
五、建设单位质量事故勘查记录 ⋯⋯ 17
六、建设工程质量事故报告书 ⋯⋯⋯ 17
七、施工检测计划 ⋯⋯⋯⋯⋯⋯⋯⋯ 18
八、见证试验检测汇总表 ⋯⋯⋯⋯⋯ 19
九、施工日志（表C.1.6）⋯⋯⋯⋯⋯ 19
十、监理工程师通知回复单（表C.1.7）⋯⋯⋯⋯⋯⋯⋯⋯⋯⋯ 21

课题二　施工技术文件（C2）⋯⋯⋯⋯ 22
一、工程技术文件报审表 ⋯⋯⋯⋯⋯ 22
二、施工组织设计及施工方案 ⋯⋯⋯ 23
三、危险性较大的分部分项工程的施工方案 ⋯⋯⋯⋯⋯⋯⋯⋯⋯ 24
四、技术交底记录 ⋯⋯⋯⋯⋯⋯⋯⋯ 25
五、图纸会审记录 ⋯⋯⋯⋯⋯⋯⋯⋯ 28
六、设计变更通知单 ⋯⋯⋯⋯⋯⋯⋯ 29
七、工程洽商记录（技术核定单）⋯ 31

课题三　进度造价文件（C3）⋯⋯⋯⋯ 32
一、工程开工报审表 ⋯⋯⋯⋯⋯⋯⋯ 32
二、工程复工报审表 ⋯⋯⋯⋯⋯⋯⋯ 34
三、施工进度计划报审表 ⋯⋯⋯⋯⋯ 35
四、施工进度计划 ⋯⋯⋯⋯⋯⋯⋯⋯ 36
五、__年__月人、机、料动态表 ⋯ 38
六、工程延期申请表 ⋯⋯⋯⋯⋯⋯⋯ 39
七、工程款支付申请表 ⋯⋯⋯⋯⋯⋯ 40
八、工程变更费用报审表 ⋯⋯⋯⋯⋯ 41
九、费用索赔申请表 ⋯⋯⋯⋯⋯⋯⋯ 42

课题四　施工物资文件（C4）⋯⋯⋯⋯ 44
一、出厂质量证明文件及检测报告 ⋯ 44
二、进场检验通用表格 ⋯⋯⋯⋯⋯⋯ 44
三、进场复试报告 ⋯⋯⋯⋯⋯⋯⋯⋯ 46

课题五　施工文件（C5）⋯⋯⋯⋯⋯⋯ 46
一、隐蔽工程验收记录 ⋯⋯⋯⋯⋯⋯ 46
二、施工检查记录 ⋯⋯⋯⋯⋯⋯⋯⋯ 55
三、交接检查记录 ⋯⋯⋯⋯⋯⋯⋯⋯ 56

四、工程定位测量记录……………… 57
五、基槽验线记录…………………… 58
六、楼层平面放线记录……………… 59
七、楼层标高抄测记录……………… 60
八、建筑物垂直度、标高观测记录… 61
九、沉降观测记录…………………… 61
十、基坑支护水平位移监测记录…… 64
十一、桩基、支护测量放线记录…… 65
十二、地基验槽记录………………… 65
十三、地基钎探记录………………… 67
十四、混凝土浇灌申请书…………… 68
十五、预拌混凝土运输单…………… 69
十六、混凝土开盘鉴定……………… 70
十七、混凝土拆模申请单…………… 71
十八、混凝土预拌、养护测温记录… 72
十九、大体积混凝土养护测温记录… 74
二十、大型构件吊装记录…………… 74
二十一、焊接材料烘焙记录………… 75
二十二、地下工程防水效果检查记录… 76
二十三、防水工程试水检查记录…… 77
二十四、通风道、烟道、垃圾道检查记录……………………………… 78
二十五、预应力筋张拉记录………… 79
二十六、有粘结预应力结构灌浆记录… 81
二十七、钢结构施工记录…………… 81
二十八、网架（索膜）施工记录…… 82
二十九、木结构施工记录…………… 83
三十、幕墙注胶检查记录…………… 83

课题六　施工试验记录及检测文件（C6）…84
一、砂浆配合比申请单、通知单…… 84
二、砌筑砂浆试块强度统计、评定记录… 85
三、混凝土配合比申请单、通知单… 87
四、混凝土试块强度统计、评定记录（表C.6.6）……………………… 88

五、砂、石、水泥放射性指标报告…… 92
六、混凝土碱含量计算书…………… 92
七、结构实体混凝土强度检验记录… 93
八、结构实体钢筋保护层厚度检验记录……………………………… 93

课题七　施工质量验收文件（C7）…95
一、检验批质量验收记录…………… 95
二、分项工程质量验收记录………… 98
三、分部（子分部）工程验收记录… 99
四、建筑节能分部工程质量验收记录… 100

课题八　施工验收文件（C8）…… 103
一、单位（子单位）工程竣工预验收报验表………………………… 103
二、单位（子单位）工程竣工预验收报验表附表…………………… 106
三、施工资料移交书………………… 112

模块三　建筑工程技术资料归档整理……………………………… 115

课题一　建筑工程技术资料归档范围与质量要求……………… 115
一、归档范围………………………… 115
二、归档文件的质量要求…………… 127
三、归档时间的规定………………… 128

课题二　建筑工程技术资料的组卷…… 128
一、立卷的原则……………………… 128
二、立卷的要求……………………… 128
三、立卷的方法……………………… 128
四、案卷的编目……………………… 129
五、案卷的规格与装订……………… 132

课题三　建筑工程技术资料的验收与移交………………………… 133
一、档案预验收的内容……………… 133
二、移交的规定……………………… 133

模块四　建筑工程技术资料管理软件的应用……… 137

课题一　建筑工程技术资料管理软件概述……… 137
一、计算机在档案资料管理中的应用……… 137
二、档案信息电子化的现状……… 138
三、档案信息电子化的发展趋势…… 138
四、档案信息电子化的作用……… 138

课题二　工程资料管理软件简介……… 139
一、软件的特点……… 139
二、系统的简介……… 140
三、系统的操作说明……… 141
四、系统的辅助功能……… 157

参考文献……………………………… 159

模块一　建筑工程技术资料管理概述

职业能力

(1)正确认识建筑工程技术资料管理的意义及作用。
(2)明确建筑工程技术资料管理的职责。

学习要求

(1)了解建筑工程技术资料管理的意义。
(2)熟悉建筑工程技术资料管理的相关概念。
(3)掌握资料员岗位的职责内容。

课题一　建筑工程技术资料管理的意义、作用与特征

一、建筑工程技术资料管理的意义

每个建筑工程竣工验收前必须具备两个条件：一是建筑物实体达到验收条件；二是施工过程中质量、技术、管理资料达到验收条件，两者缺一不可。

一个建筑物竣工后是看得见摸得着的有形物体，验收时，不仅要在外观上加以评价，还应对施工质量及质量管理实施情况进行评价。内在的施工质量及质量管理实施情况，只能通过验收整个施工过程的有关质量、技术资料是否清楚齐全、是否符合有关规范、规程的要求来检验。

对于一份排列有序、内容齐全、清楚明了的单位工程施工质量、技术资料，必须在施工中根据工程实际物体，按照有关规范、规程去检测、评定，做到物体实际质量等级与资料内所记载的质量数据相符，这是物体质量的实质反映。

任何一个工程质量、技术资料如有不符合有关标准规定，则对该工程质量具有否决权。所以，做好建筑工程技术资料管理工作很重要。

二、建筑工程技术资料管理的作用

(1)按照规范的要求积累而成的完整、真实、具体的工程技术资料，是工程竣工验收交付的必备条件之一。
(2)工程技术资料为工程的检查、维护、改造、扩建提供可靠的依据。
(3)一个质量合格的工程必须要有一份内容齐全、原始技术资料完整、文字记载真实、

可靠的技术资料。

(4)对于优良工程的评定，更有赖于技术资料的完整无缺。

(5)做好建筑工程文件和档案资料管理工作也是项目管理的重要内容。

(6)建筑工程文件和档案资料是建设单位对建筑工程管理的依据。

三、建筑工程技术资料管理的特征

1. 真实性和全面性

真实性是对所有文件、档案资料的共同要求，但对建筑工程的文件和档案资料来讲，这方面的要求更为严谨。

建筑工程文件和档案资料只有全面反映建筑工程的各类信息，形成一个完整的系统，才更有实用价值，只言片语地信息往往会起到误导作用。所以，建筑工程文件和档案资料必须真实地反映建筑工程的情况，包括发生的事故和存在的隐患。

2. 分散性和复杂性

建筑工程项目周期长且影响因素多，加上生产工艺复杂、建筑材料种类多，建设阶段性强且相互穿插，由此导致了建筑工程文件和档案资料的分散性和复杂性。这个特征决定了建筑工程文件和档案资料是多层次、多环节及相互关联的复杂系统。

3. 继承性和时效性

随着建筑技术、施工工艺、新材料和施工企业管理水平的不断提高，建筑工程文件和档案资料被继承和不断积累。新的项目在建设中可以吸取以前的经验和教训，避免重复犯错误。

同时，建筑工程文件和档案资料具有很强的时效性，其作用会随着时间的推移而衰减，因此，文件和档案资料一经形成就必须尽快送达有关部门，否则会造成严重的后果。

4. 随机性

建筑工程文件和档案资料产生于项目建设的整个过程中，工程前期、工程开工、施工和竣工等各个阶段和环节都会产生各种文件和档案资料。虽然各类报批文件的产生具有规律性，但还是有相当一部分文件和档案资料的产生是由于具体工程事件引发的，因此，其具有随机性的特点。

5. 多专业性和综合性

建筑工程文件和档案资料依附于不同的专业对象而存在，又依赖于不同的载体而流动，涉及建筑、市政、消防等各个专业，也涉及力学、电子、声学等多种学科，且同时综合了质量、进度、造价、合同、组织、协调等方面的内容，因此，其具有多专业性和综合性的特点。

课题二　建筑工程技术资料管理的相关概念

建筑工程技术资料是指建筑工程从项目的提出、筹备、勘测、设计、施工到竣工投产整个过程中形成的文件资料、图纸、图表、计算资料、声像资料等各种形式的信息总和，简称为工程资料，也称为工程文件。

建筑工程技术资料主要包括工程准备阶段文件、监理文件、施工文件、竣工图和工程竣工验收文件等。

一、建筑工程技术资料的相关概念

1. 建设工程项目

建设工程项目是指经批准按照一个总体设计进行施工，经济上实行统一核算，行政上具有独立组织形式，实行统一管理的工程基本建设单位。它由一个或若干个具有内在联系的工程所组成。

2. 单位工程

单位工程是指具有独立的设计文件，竣工后可以独立发挥生产能力或工程效益的工程，是构成建设工程项目的组成部分。

3. 分部工程

分部工程是指单位工程中可以独立组织施工的工程。

4. 建设工程文件

建设工程文件是指在建设过程中形成的各种形式的信息记录，包括工程准备文件、监理文件、施工文件、竣工图、竣工验收文件等，简称工程文件。

5. 工程准备阶段文件

工程准备阶段文件是指工程开工之前，在立项、审批、界地、勘察、设计、招投标等工程准备阶段形成的文件。

6. 监理文件

监理文件是指监理单位在工程设计、施工等监理过程中形成的文件。

7. 施工文件

施工文件是指施工单位在工程施工过程中形成的文件。

8. 竣工图

竣工图是指工程竣工验收后，真实反映建设工程项目施工结果的图样。

9. 竣工验收文件

竣工验收文件是指建设工程项目在竣工验收活动中形成的文件。

10. 建设工程档案

建设工程档案是指在工程建设活动中直接形成的具有归档保存价值的文字、图表、声像等各种形式的历史记录，也简称为工程档案。

11. 建设工程电子文件

建设工程电子文件是指在工程建设过程中通过数字设备及环境生成，以数码形式存储于磁带、磁盘或光盘等载体，依赖计算机等数字设备阅读、处理，并可在网络上传送的文件。

12. 建设工程电子档案

建设工程电子档案在工程技术过程中形成的，具有参考和利用价值并作为档案保存的电子文件及其元数据。

13. 建设工程声像档案

记录工程建设活动，具有保存价值的，用照片、影片、录音带、光盘、硬盘等记载的声音、图片和影像等历史记录。

14. 立卷

立卷是指按照一定的原则和方法，将有保存价值的文件分门别类整理成案卷，也称组卷。

15. 归档

归档是指文件形成单位完成其工作任务后，将形成的文件整理立卷后，按规定移交档案管理机构。

二、建筑工程技术资料的主要内容

建筑工程技术资料可分为工程准备阶段文件、监理资料、施工资料、竣工图和工程竣工验收文件5类。

1. 工程准备阶段文件

工程准备阶段文件可分为决策立项文件、建设用地、拆迁文件、勘察设计文件、招投标文件、开工审批文件、工程造价文件、工程建设基本信息7类。

工程准备阶段文件主要由建设单位、主管部门及相关部门完成。

2. 监理文件

监理文件可分为监理管理文件、进度控制文件、质量控制文件、造价控制文件、合同管理文件和监理验收文件6类。

监理文件主要由监理单位和相关单位负责完成，工程竣工后，监理单位应按规定将监理文件移交给建设单位。

3. 施工文件

施工文件可分为施工管理文件、施工技术文件、进度造价文件、施工物资出厂质量证明及进场检测文件、施工记录文件、施工试验记录及检测文件、施工质量验收文件、施工验收8类。

施工文件应由施工单位负责形成，工程竣工后，施工单位应按规定将施工移交给建设单位。

4. 竣工图

竣工图可分为建筑竣工图、结构图、设备机构图、室外竣工图等。

5. 工程竣工验收文件

工程竣工验收文件可分为竣工验收与备案文件、竣工决算文件、工程声像资料、其他工程文件4类。

工程竣工验收文件由各相关单位负责完成，工程竣工后，移交给建设单位。

课题三　建筑工程技术资料管理的职责

根据国家规定，参与工程建设的建设、勘察、设计、监理和施工等单位均有工程资料管理的责任。这些管理职责对参与建设各方来说，有些是相同的、一致的，称为通用职责，有些是参与建设的某一方所特有的职责。参建各方应当认真履行通用职责和自己的职责。

一、建筑工程技术资料管理的通用职责

通用职责也称基本职责，主要有以下5条：

(1)工程资料的形成应符合国家相关的法律、法规、技术规范、质量验收标准、工程合同和设计文件等规定。

(2)工程各参建单位应将工程资料的形成和积累纳入工程建设管理的各个环节和全过程。建设、监理、施工单位应各自负责本单位工程资料的管理工作，并应明确相关人员的职责。

(3)工程资料应随工程进度同步收集、整理，并按规定进行移交。资料组卷与资料份数应符合规定。

(4)工程资料应实行分级管理，由建设、监理、施工单位主管技术负责人负责本单位工程资料全过程的管理工作。建设过程中工程资料的收集、整理和审核工作应由专人负责，并按规定取得相应的岗位资格。

(5)工程各参建单位应确保各自形成资料的真实性、有效性、完整性和齐全性。对工程资料进行涂改、伪造，或发生损毁、丢失等现象，应按有关规定对相关责任人予以处罚，情节严重的，应依法追究其法律责任。

二、建筑工程技术资料管理的各单位职责

1. 建设单位职责

(1)应负责工程准备及验收阶段文件的管理工作，并设专人对这些文件进行收集、整理和归档。

(2)在工程招标及与参建各方签订合同或协议时，应对工程资料和工程档案的编制责任、套数、费用、质量和移交期限等提出明确要求。

(3)必须向参与工程建设的勘察、设计、施工、监理等单位提供与建设工程有关的资料。

(4)由建设单位采购的建筑材料、构配件和设备，建设单位应保证建筑材料、构配件和设备符合设计文件和合同要求，并保证相关物资资料的完整性、真实性和有效性。

(5)应负责监督和检查各参建单位工程资料的形成、积累和组卷工作，也可委托监理单位检查工程资料的形成、积累和组卷工作。

(6)对需要建设单位签认的工程资料应签署意见。

(7)应收集和汇总勘察、设计、监理和施工等单位的组卷、归档工程档案。

(8)应负责组织竣工图的绘制工作,也可委托施工单位、监理单位或设计单位进行。

(9)列入城建档案馆接收范围的工程档案,建设单位应在组织工程竣工验收前,提请城建档案馆对工程档案进行预验收,未取得《建设工程竣工档案预验收意见》的,不得组织工程竣工验收。

(10)建设单位应在工程竣工验收后3个月内将工程档案移交城建档案馆。

2. 勘察、设计单位职责

(1)应按合同和规范要求提供勘察、设计文件,包括工作联系单和设计变更记录。

(2)对须由勘察、设计单位签认的工程资料,应及时签署意见。

(3)应按照有关规定对工程竣工验收,出具工程质量检查报告。

3. 监理单位职责

(1)应负责监理文件的管理工作,并设专人对监理文件进行收集、整理和归档。

(2)应按照合同约定,在勘察、设计阶段,对勘察、设计文件的形成、积累、组卷和归档进行监督、检查;在施工阶段,应对施工文件的形成、积累、组卷和归档进行监督、检查,并使工程资料的完整性、准确性符合有关规定。

(3)对须由监理单位出具或签认的工程资料,应及时进行签署。

(4)列入城建档案馆接收范围的监理文件,监理单位应在工程竣工验收后2个月内移交建设单位。

4. 施工单位职责

(1)应负责施工文件的管理工作,实行技术负责人负责制,建立健全施工文件管理岗位责任制。

(2)应负责汇总各分包单位编制的施工文件,分包单位应负责其分包范围内施工资料的收集和整理,并对施工文件的真实性、完整性和有效性负责。

(3)应在工程竣工验收前,将工程的施工文件整理、汇总完成。

(4)应负责编制施工文件,一般不少于两套,一套自行保存,另一套移交建设单位。

5. 城建档案馆对工程资料的管理职责

城建档案馆是长期保存工程资料的专业机构,它不属于参与工程建设的一方主体,但其担负重要的管理职责,具体如下:

(1)应负责接收、收集、保管和利用城建档案的日常管理工作。

(2)应负责对城建档案的编制、整理、归档工作进行监督、检查、指导;对国家重点、大型工程项目的工程档案的编制、整理、归档工作,应指派专业人员进行指导。

(3)在工程竣工验收前,应对列入城建档案馆接收范围的工程档案进行预验收,并出具《建设工程竣工档案预验收意见》。

本章小结

收集并整理好建筑工程技术资料是建筑施工中的一项重要工作,是工程质量管理的组成部分。本章主要阐述了建筑工程技术资料的相关概念、建筑工程技术资料的特征、建筑工程技术资料管理的意义与职责。

思考与练习

1. 简述建筑工程技术资料管理的意义。
2. 简述建筑工程技术资料的主要内容。

推荐阅读书目

房屋建筑和市政基础设施工程竣工验收规定

文　　号：建质〔2013〕171号
发布日期：2013年12月2日
执行日期：2013年12月2日

第一条　为规范房屋建筑和市政基础设施工程的竣工验收，保证工程质量，根据《中华人民共和国建筑法》和《建设工程质量管理条例》，制定本规定。

第二条　凡在中华人民共和国境内新建、扩建、改建的各类房屋建筑和市政基础设施工程的竣工验收（以下简称工程竣工验收），应当遵守本规定。

第三条　国务院住房和城乡建设主管部门负责全国工程竣工验收的监督管理。

县级以上地方人民政府建设主管部门负责本行政区域内工程竣工验收的监督管理，具体工作可以委托所属的工程质量监督机构实施。

第四条　工程竣工验收由建设单位负责组织实施。

第五条　工程符合下列要求方可进行竣工验收：

（一）完成工程设计和合同约定的各项内容。

（二）施工单位在工程完工后对工程质量进行了检查，确认工程质量符合有关法律、法规和工程建设强制性标准，符合设计文件及合同要求，并提出工程竣工报告。工程竣工报告应经项目经理和施工单位有关负责人审核签字。

（三）对于委托监理的工程项目，监理单位对工程进行了质量评估，具有完整的监理资料，并提出工程质量评估报告。工程质量评估报告应经总监理工程师和监理单位有关负责人审核签字。

（四）勘察、设计单位对勘察、设计文件及施工过程中由设计单位签署的设计变更通知书进行了检查，并提出质量检查报告。质量检查报告应经该项目勘察、设计负责人和勘察、设计单位有关负责人审核签字。

（五）有完整的技术档案和施工管理资料。

（六）有工程使用的主要建筑材料、建筑构配件和设备的进场试验报告，以及工程质量检测和功能性试验资料。

(七)建设单位已按合同约定支付工程款。

(八)有施工单位签署的工程质量保修书。

(九)对于住宅工程,进行分户验收并验收合格,建设单位按户出具《住宅工程质量分户验收表》。

(十)建设主管部门及工程质量监督机构责令整改的问题全部整改完毕。

(十一)法律、法规规定的其他条件。

第六条 工程竣工验收应当按以下程序进行:

(一)工程完工后,施工单位向建设单位提交工程竣工报告,申请工程竣工验收。实行监理的工程,工程竣工报告须经总监理工程师签署意见。

(二)建设单位收到工程竣工报告后,对符合竣工验收要求的工程,组织勘察、设计、施工、监理等单位组成验收组,制定验收方案。对于重大工程和技术复杂工程,根据需要可邀请有关专家参加验收组。

(三)建设单位应当在工程竣工验收 7 个工作日前将验收的时间、地点及验收组名单书面通知负责监督该工程的工程质量监督机构。

(四)建设单位组织工程竣工验收。

1. 建设、勘察、设计、施工、监理单位分别汇报工程合同履约情况和在工程建设各个环节执行法律、法规和工程建设强制性标准的情况;

2. 审阅建设、勘察、设计、施工、监理单位的工程档案资料;

3. 实地查验工程质量;

4. 对工程勘察、设计、施工、设备安装质量和各管理环节等方面作出全面评价,形成经验收组人员签署的工程竣工验收意见。

参与工程竣工验收的建设、勘察、设计、施工、监理等各方不能形成一致意见时,应当协商提出解决的方法,待意见一致后,重新组织工程竣工验收。

第七条 工程竣工验收合格后,建设单位应当及时提出工程竣工验收报告。工程竣工验收报告主要包括工程概况,建设单位执行基本建设程序情况,对工程勘察、设计、施工、监理等方面的评价,工程竣工验收时间、程序、内容和组织形式,工程竣工验收意见等内容。

工程竣工验收报告还应附有下列文件:

(一)施工许可证。

(二)施工图设计文件审查意见。

(三)本规定第五条(二)、(三)、(四)、(八)项规定的文件。

(四)验收组人员签署的工程竣工验收意见。

(五)法规、规章规定的其他有关文件。

第八条 负责监督该工程的工程质量监督机构应当对工程竣工验收的组织形式、验收程序、执行验收标准等情况进行现场监督,发现有违反建设工程质量管理规定行为的,责令改正,并将对工程竣工验收的监督情况作为工程质量监督报告的重要内容。

第九条 建设单位应当自工程竣工验收合格之日起 15 日内,依照《房屋建筑和市政基础设施工程竣工验收备案管理办法》(住房和城乡建设部令第 2 号)的规定,向工程所在地的县级以上地方人民政府建设主管部门备案。

第十条 抢险救灾工程、临时性房屋建筑工程和农民自建低层住宅工程,不适用本规定。

第十一条 军事建设工程的管理,按照中央军事委员会的有关规定执行。

第十二条 省、自治区、直辖市人民政府住房和城乡建设主管部门可以根据本规定制定实施细则。

第十三条 本规定由国务院住房和城乡建设主管部门负责解释。

第十四条 本规定自发布之日起施行。《房屋建筑工程和市政基础设施工程竣工验收暂行规定》(建〔2000〕142 号)同时废止。

模块二　施工文件的编制

职业能力

对归档范围内的施工文件(即 C 类文件)进行汇总,并能够按照要求完成施工文件的编写、收集、整理工作。

学习目标

(1)了解施工文件中材料试验的内容、施工过程中试验的内容。
(2)熟悉施工文件的归档范围。
(3)掌握施工文件的编写、收集、整理。

课题一　施工管理文件(C1)

一、工程概况表

《工程概况表》是对工程基本情况的简要描述,应包括单位工程的一般情况、构造特征、机电系统名称、其他等。

1. 一般情况

一般情况包括工程名称、建设用途、建设地点、建设单位、监理单位、设计单位、施工单位、建筑面积、结构类型和层次等。

2. 构造特征

构造特征包括地基与基础,柱、内外墙,梁、板、楼盖,外墙装饰,楼地面装饰,屋面构造,防火设备等。

3. 机电系统名称

机电系统名称是指工程所包括的机电各系统名称。

4. 其他

其他是指特殊需要说明的内容。

《工程概况表》填写样式见表2-1。

表 2-1 工程概况表(表 C.1.1)

工程名称		××市第一中学教学楼	编号	××××××
一般情况	建设单位	××市第一中学		
	建设用途	公共建筑	设计单位	××市建筑设计研究院
	建设地点	院内	勘察单位	××市勘察测绘大队
	建筑面积	12 450 m²	监理单位	××市建设工程监理公司
	工 期	303 日历天	施工单位	××市第一建筑工程公司
	计划开工日期	20××年×月×日	计划竣工日期	20××年×月×日
	结构类型	框架	基础类型	桩基础
	层 次	地上六层/地下一层	建筑檐高	36.20 m
	地上面积	12 450 m²	地下面积	×××
	人防等级	四级	抗震等级	二级
构造特征	地基与基础	地基持力层为粉质黏土；基础为空心管桩		
	柱、内外墙	框架柱为C30混凝土，外围护墙为200厚加气混凝土砌块、内墙200厚加气混凝土砌块		
	梁、板、楼盖	现浇钢筋混凝土梁、板，强度等级C30		
	外墙装饰	外墙装饰以面砖为主，局部为干挂花岗石材		
	内墙装饰	内墙装饰以乳胶漆为主		
	楼地面装饰	地面以地砖为主，局部房间木地板		
	屋面构造	SBS改性沥青卷材与双层三元乙丙丁基橡胶卷材结合		
	防火设备	一级防火等级，每层设消火栓箱		
机电系统名称		本工程采用中央空调供暖，电气系统包括照明、动力、电视、消防报警系统、自动喷淋系统、给水排水系统配套		
其他				

本表由施工单位填写，一式四份，建设单位、监理单位、施工单位、城建档案馆各保存一份。

二、施工现场质量管理检查记录

《施工现场质量管理检查记录》是对健全质量管理体系的具体要求，凡是在建的建筑工程在开工前都应做施工现场质量检查记录。

《施工现场质量管理检查记录》由施工单位填写，监理单位的总监理工程师(或建设单位项目负责人)进行检查，并作出检查结论。

检查时间应在开工之前，保证开工后施工能顺利进行并保证工程质量。

通常每个单位工程只检查一次，如有分段施工、人员更换，或管理工作不到位时，可再次检查。

《施工现场质量管理检查记录》的填写要求如下。

(一)表头部分

填写参与工程建设各责任方的主要概况。

1. 工程名称

填写工程名称全称,与合同或招投标文件的工程名称一致。

2. 施工许可证

填写当地建设行政主管部门批准核发的施工许可证(开工证)编号。

3. 负责人

可统一由资料员填写,不需具体人员签名,只是明确负责人的地位。

建设单位项目负责人是指合同上签字人或以文字形式委托的代表——工程的项目负责人;设计单位项目负责人是指设计合同书上签字人或签字人以文字形式委托的项目负责人;总监理工程师是指合同或协议书中明确的项目监理负责人,也可以是监理单位以文件形式明确的该项目监理负责人;项目经理、项目技术负责人是指施工单位在合同中明确的项目经理、项目技术负责人。

4. 建设单位、设计单位、监理单位、施工单位

填写单位的全称,与盖章上的名称一致。

(二)检查项目

填写各项检查项目文件的名称或编号,并将文件(原件或复印件)附在表后供检查,检查后将文件归还原单位,由总监理工程师签字确认。

(三)检查内容

根据检查情况,将检查结果填到相对应的栏中,可直接将有关资料的名称写上。当资料较多时,也可将有关资料进行编号,将编号填写上,注明份数。

1. 现场质量管理制度

自检、交接检、专检制度、质量例会制度、月底评比制度、质量与经济挂钩制度。

2. 质量责任制

岗位责任制、施工技术质量安全交底制、挂牌制。

3. 主要专业工种操作上岗证书

电焊工、电工、起重工等上岗证核查结果。

4. 专业承包单位资质管理制度

审查分包资质及相应管理制度。

5. 施工图审查情况

施工图审查批准文号、图纸会审记录、设计交底记录。

6. 地质勘察资料

地质报告及审查批准文号。

7. 施工组织设计、施工方案及审批

编制与审批程序和内容是否与施工相符。

8. 施工技术标准

施工图所包含各专业施工技术标准。

9. 工程质量检验制度

原材料检验制度、施工各阶段检验制度、工程抽检项目检验计划等。

10. 混凝土搅拌站及计量装置

自搅拌混凝土(砂浆)搅拌站管理制度、设施与计量精度以及控制措施。

11. 现场材料、设备存放与管理制度

应与已批准的施工组织设计相符及具有相应的管理制度。

(四)检查结论

检查结论栏由总监理工程师或建设单位项目负责人填写。

总监理工程师或建设单位项目负责人对施工单位承包的各项资料进行验收核查,验收核查合格后,签署认可意见。检查结论要明确,是符合要求还是不符合要求。如总监理工程师或建设单位项目负责人验收核查不合格,施工单位必须限期改正,否则不准许开工。

《施工现场质量管理检查记录》填写样式见表2-2。

表2-2 施工现场质量管理检查记录(C.1.2)

工程名称	××市第一中学教学楼	施工许可证(开工证)	××××××××	编号	××
建设单位	××市第一中学	项目负责人	×××		
设计单位	××市建筑设计研究院	项目负责人	×××		
勘察单位	××市勘察测绘大队	项目负责人	×××		
监理单位	××市建设工程监理公司	总监理工程师	×××		
施工单位	××市第一建筑工程公司	项目经理	×××	项目技术负责人	×××
序 号	项 目	内 容			
1	现场质量管理制度	有质量例会制度;月评比及奖罚制度;三检及一票否决制度;样板引路制度;质量与经济挂钩制度			
2	质量责任制	有岗位责任制度;设计交底制度;技术、质量、安全交底制度;挂牌制度			
3	主要专业工种操作上岗证书	起重工、电工、电焊工、架子工、防水工、测量工、木工、钢筋工、混凝土工都有上岗证书,均在有效期限内			
4	专业承包单位资质管理制度	资质均在承包业务范围内;总包单位有分包管理制度			
5	施工图审查情况	施工图已审查,批准文号为××××××××			

续表

工程名称	××市第一中学教学楼	施工许可证(开工证)	××××××××	编号	××
6	地质勘察资料	地质勘察报告编号为×××××××			
7	施工组织设计编制及审批	施工组织设计编制、审核、批准手续齐全			
8	施工技术标准	施工技术标准全部具备			
9	工程质量检验制度	有原材料检验制度、施工检验制度；抽测项目检测计划；分部分项工程三检制度			
10	混凝土搅拌站及计量装置	搅拌站有管理制度；计量设施已检测，有控制措施			
11	现场材料、设备存放与管理制度	按施工组织设计的要求进行了布置；有相应的管理制度			
12					

检查结论：

施工现场质量管理制度完善，符合要求，工程质量有保障。

总监理工程师(建设单位项目负责人)：×××　　　　　　　　　20××年×月×日

本表由施工单位填写，一式两份，监理单位、施工单位各保存一份。

三、企业资质证书及相关专业人员岗位证书

施工单位承揽工程项目时，必须满足相应的资质要求，其项目经理及关键技术岗位的专业人员(包括施工员、造价员、质量员、安全员、材料员、机械员、测量员、资料员)也必须具备上岗资格。

施工单位的企业资质证书复印件、项目经理执业资格证书复印件及专业人员的上岗证书复印件需要存档。

四、分包单位资质报审表

《分包单位资质报审表》是施工总承包单位实施工程分包时，提请监理单位对其分包单位资质审查确认的批复。

施工合同中已明确的分包单位，施工单位可不再对分包单位资质进行报审；如施工合同中未指明分包单位，监理单位应对分包单位的资质进行审查。

监理单位对审查不合格的分包单位应予以否决，指令施工单位另外选择分包单位并重新报审。

分包单位的资质审查是审查施工单位是否符合拟分包工程的实际情况，而不是亲自或直接选择分包单位。

(一)审查内容

(1)分包单位是否具有营业执照、资质等级证书、安全生产许可证、特殊行业施工许可证、国外(境外)企业在国内承包工程许可证。

(2)分包单位是否具有与拟分包工程的类似工程的施工业绩(指分包单位近三年所承建的分包工程名称、质量等级证书或经建设单位组织验收后形成的各方签章的单位工程质量验收记录)。

(3)拟分包工程的内容和范围是否超出资质证书中核定的内容和范围。

(4)专职管理人员和特种作业人员资格证和上岗证是否合法有效。

(二)资料要求

(1)《分包单位资质报审表》由施工单位填报,加盖公章,项目经理签字,经专业监理工程师审核,符合要求后签字,由总监理工程师最终审核并签字,加盖监理单位章。

(2)《分包单位资质报审表》和报审所附的分包单位有关资料的审查必须在分包工程开工前完成。

(三)填表说明

1. 附件

(1)"分包单位资质材料"指分包单位的企业法人营业执照、企业资质等级证书、特殊行业施工许可证、外地企业承包工程的备案表,以及拟进现场的专业管理人员和特种作业人员的资格证、上岗证。

(2)"分包单位业绩材料"指分包单位近三年完成的与分包工程工作内容类似的工程及工程质量的情况。

(3)"分包工程名称(部位)"指拟分包给所报分包单位的工程项目名称(部位)。

(4)"工程量"指分包工程项目的工作量(工程量)。

(5)"分包工程合同额"指在拟签订的分包合同中签订的金额。

(6)"备注"指其他需要说明的事项。

2. 专业监理工程师审查意见

由总监理工程师指定专业监理工程师对分包单位资质和分包单位的有关资质资料(原件)进行审核并签字,签署是否符合有关规定的意见,并留下加盖分包单位公章的复印件做本表的附件。

3. 总监理工程师审核意见

经总监理工程师对专业监理工程师审查意见进行审核、确认,符合有关规定后,由总监理工程师予以签认。

《分包单位资质报审表》填写样式见表2-3。

表2-3 分包单位资质报审表(表C.1.3)

工程名称	××市第一中学教学楼	施工编号	××××××
		监理编号	××××××
		日 期	20××年×月×日

致　　××市建设工程监理公司　　（监理单位）

　　经考察，我方认为拟选择的　×××建筑装饰装修工程有限公司　（专业承包单位）具有承担下列工程的施工资质和施工能力，可以保证本工程项目按合同的约定进行施工。分包后，我方仍承担总包单位的责任，请予以审查和批准。

　　附：1.□分包单位资质资料
　　　　2.□分包单位业绩材料
　　　　3.□中标通知书

分包工程名称(部位)	工程量	分包工程合同额	备注
建筑装饰装修工程	4 000 m²	600万元	劳务承包
合计			

施工总承包单位(章)：××市第一建筑工程公司
项目经理：×××

专业监理工程师审查意见：

经审查，分包单位资质、业绩材料齐全、真实有效，具有承担分包工程的施工资质和施工能力。

专业监理工程师：×××
日 期：20××年×月×日

总监理工程师审核意见：

同意资格审查。

监理单位：××市建设工程监理公司
总监理工程师：×××
日期：20××年×月×日

本表由施工单位填写，一式三份，建设单位、监理单位、施工总承包单位各保存一份。

五、建设单位质量事故勘查记录

建设工程质量事故是指在工程建设过程中或在交付使用后，由于建设、勘察、设计、施工、监理等单位违反工程质量有关法律法规和工程建设标准，使工程产生结构安全、重要使用功能方面的质量缺陷，造成人身伤亡或者重大经济损失的事故。

工程质量事故发生后，事故现场有关人员应当立即向工程建设单位负责人报告，工程建设单位负责人接到报告后，应于1小时内向事故发生地县级以上人民政府建设行政主管部门及有关部门报告。

建设行政主管部门逐级上报事故情况时，每级上报时间不得超过2小时，并且应当按照有关人民政府的授权或委托，组织或参与事故调查组，对事故进行调查，核实事故基本情况，核查事故项目基本情况，分析事故的直接原因和间接原因，认定事故的性质和事故责任。

工程质量事故调查组应对质量事故的调（勘）查及处理情况，形成《建设工程质量事故调查、勘查记录》，并存档。

《建设工程质量事故勘查记录》填写样式见表2-4。

表2-4 建设工程质量事故勘查记录（表C.1.4）

工程名称	××市第一中学教学楼	编号	××××××
		日期	20××年×月×日
调（勘）查时间	20××年×月×日8时30分至11时30分		
调（勘）查地点	××市第一中学会议室		
参加人员	单位	姓名	职务	电话
被调查人	××市第一建筑工程公司	×××	技术负责人	××××××××
陪同调（勘）查人员	××市第一建筑工程公司	×××	项目经理	××××××××
调（勘）查笔录	略。			
现场证物照片	□有 □无 共 张 共 页			
事故证据资料	□有 □无 共 条 共 页			
被调查人签字	×××	调（勘）查人签字	×××
本表由调查单位填写，一式五份，调查单位、建设单位、监理单位、施工单位、城建档案馆各保存一份。				

六、建设工程质量事故报告书

调查组应编制《建设工程质量事故报告书》并存档。报告书应包括以下内容。

1. 事故发生时间、发生地点、当前伤亡情况

按照实际情况说明。

2. 事故简要情况及事故原因的判断

事故的发生经过及事故发生的直接原因，包括设计原因（计算错误、构造不合理等）、施工原因（施工不符合规定、材料及构配件的质量不符合要求等）、不可抗力等。

3. 损失金额

因质量事故导致的材料、设备、建筑和人员伤亡等预计损失费用。

4. 事故发生后采取的措施及事故控制情况

事故发生后采取的紧急防护措施及事故的控制情况（是否控制了事故的进一步发展）。

5. 处理办法

对发生的质量事故制定的事故处理方案。

6. 直接责任者与职务

事故发生的直接责任人的姓名及职务。

7. 处理后复查意见

事故经过处理后，工程实体质量是否符合事故处理方案的要求，是否满足工程原来对结构安全和使用功能的要求的结论，由各方共同对事故处理结果进行验收，签署意见，并签字盖章。

七、施工检测计划

施工单位应编制工程项目的《施工检测计划》，并报送监理单位，由监理工程师给出审批意见后存档。

《施工检测计划》的编制应针对该工程，写出需要做哪些检测项目，检测的时间，检测的方法，出现检测不合格后的解决方法等。

1. 主要内容

(1)工程概况。

(2)编制依据及说明。

(3)人员配备及检测取样要求。

(4)试验方案。

(5)检测试验计划。

(6)其他需要说明的问题。

2. 编制要求

(1)应内容齐全、步骤清晰、层次分明。

(2)应能反映工程特点。

(3)编制要及时，应在施工前完成，并报审通过。

(4)参编人员（技术人员、质检人员等）应在会签表上签字，交项目经理签署意见并签字，报监理单位审批。

八、见证试验检测汇总表

《见证试验检测汇总表》是指核查用于工程的各种材料、预制构件的见证试验检测,通过汇总达到检查的目的。汇总的要求如下:

(1)在施工过程中所采用的所有材料、预制构件的见证试验检测全部汇总,不得缺漏,并按工程进度为序进行汇总,如地基基础→主体→屋面→装饰装修。

(2)汇总时按各专业分别汇总。

(3)汇总时同种材料应在一起整理汇总,并按进场的时间顺序排列。

(4)备注应填写该批材料主要用于何部位,及需要说明的事项。

(5)项目的资料员为制表人,签字有效。

《见证试验检测汇总表》填写样式见表2-5。

表2-5 见证试验检测汇总表(表C.1.5)

工程名称	××市第一中学教学楼	编号	××××××
		填表日期	20××年×月×日
建设单位	××市第一中学	检测单位	××建设工程质量检测中心
监理单位	××市建设工程监理公司	见证人员	×××
施工单位	××市第一建筑工程公司	取样人员	×××
试验项目	应试验组/次数	见证试验组/次数	不合格次数	备注
钢筋 φ22	7	7	0	用于框架柱
钢筋 φ12	6	6	0	用于楼板
…	…	…	…	…
制表人(签字)	×××			
本表由施工单位填写,一式两份,监理单位、施工单位各保存一份。				

九、施工日志(表C.1.6)

《施工日志》是施工过程中,由管理人员对有关工程施工、技术管理、质量管理活动及其效果逐日作出的具有连续完整性的记录。《施工日志》从开工持续到竣工,贯穿整个施工过程。

1. 主要内容

(1)工程施工准备工作的记录,包括现场准备、施工组织设计学习、技术交底的重要内容及交底的人员、日期、施工图纸中的关键部位等重要问题。

(2)进入施工以后，对班组抽检活动的开展情况及其效果、组织互检和交接检的情况及效果、施工组织设计及技术交底的执行情况及效果的记录和分析。

(3)分项工程质量评定、质量检查、隐蔽工程验收、预检及上级组织的检查等技术活动的日期、结果、存在问题及处理情况记录。

(4)原材料检验结果、施工检验结果的记录，包括日期、内容、达到的效果及未达到要求单位等问题和处理情况及结论。

(5)质量、安全、机械事故的记录，包括原因、调查分析、责任者、处理情况及结论，对经济损失、工期影响等要记录清楚。

(6)有关洽商、变更情况交代的方法、对象、结果的记录。

(7)有关归档资料的整理、交接的记录。

(8)有关新工艺、新材料的推广使用情况，以及小革新、小窍门的活动记录，包括项目、数量、效果及有关人员。

(9)工程的开、竣工日期以及主要分部、分项工程的起止日期。

(10)工程重要分部的特殊质量要求和施工方法。

(11)有关领导或部门对工程所做的生产、技术方面的决定或建议。

(12)气温、气候、地质及其他特殊情况(如停水、停电、停工)的记录等。

(13)在紧急情况下采取的特殊措施的施工方法，施工记录由单位工程负责人填写。

(14)混凝土、砂浆试块的留置组数、时间及 28 d 的强度试验结果。

(15)其他重要事项。

2. 编制要求

(1)要求对单位工程从开工到竣工的整个施工阶段进行全面记录，要求内容完整，能全面反映工程进展情况。

(2)施工记录、桩基记录、混凝土浇灌记录、模板拆除等，应单独记录，分别列报。

(3)审核由施工单位项目部的技术负责人负责。

(4)按要求及时记录，内容要齐全。

(5)由各专业工长分别填写，要逐日记载，不得后补。

(6)《施工日志》不应是流水账，记录的内容应与工程有关，如工程技术、质量、安全、生产变化、人员变动等情况，与生产无关的内容不要记录。

(7)应连续记录，若工程施工期间有间断，应在日志中加以说明，可在停工最后一天或复工第一天进行描述。

《施工日志》填写样式见表 2-6。

表2-6 施工日志(表C.1.6)

工程名称	××市第一中学教学楼	编号	××××××
		日期	20××年×月×日
施工单位	施工单位：××市第一建筑工程公司		
天气状况	风力	最高温度/最低温度	
白天　　多云	1～2级	27℃/24℃	
夜间　　晴	2～3级	16℃/10℃	

施工情况记录：（施工部位、施工内容、机械使用情况、劳动力情况、施工中存在问题等）
1. 六层Ⅰ①～③/Ⓐ～Ⓕ轴，顶板模板安装，塔式起重机作业，木工班组22人。
2. 六层Ⅱ③～⑥/Ⓐ～Ⓕ轴，框架柱钢筋绑扎，塔式起重机作业，钢筋班组25人。
3. 六层Ⅲ③～⑩/Ⓐ～Ⓕ轴，柱模板安装，塔式起重机作业，木工班组30人。
4. 发现问题：柱加密区箍筋间距过大，钢筋保护层垫块数量不足。

技术、质量、安全工作记录：（技术、质量安全活动、检查验收、技术质量安全问题等）
1. 建设单位、设计单位、监理单位、施工单位在现场召开技术、质量、安全工作会议，参加人员×××、×××、×××。
2. 主体结构于×月×日前完成。
3. 尽快插入装修工作。
4. 对施工中发现的问题立即返修，整改复查，必须符合设计、规范要求。
5. 在安全生产方面，由安全员巡视检查，主要是脚手架的安全及施工洞口的安全防护，检查要全面到位，无隐患。
6. 检查评定验收：施工工序科学、合理，地上三层Ⅲ柱模板安装予以验收，实测误差符合规范要求。
参加验收人员：
监理单位：×××、×××等
施工单位：×××、×××等

记录人（签字）　　　　　　　×××

十、监理工程师通知回复单(表C.1.7)

施工单位在接到《监理工程师通知》后，应对通知的内容及时进行回复。回复的内容应针对《监理工程师通知》的内容进行填写，主要为施工单位向监理单位回复完成情况和监理审核情况。

1. 资料要求

(1)本表由施工单位填写。

(2)要把整改的情况、整改后的验收情况写明，然后由专业监理工程师进行审查验收，并签字确认。

2. 填表说明

(1)"致_____（监理单位）"应填写该单位名称，按全称填写。

(2)"详细内容"应填写《监理工程师通知》里所提到的问题的整改情况。

(3)"复查意见"应由监理工程师对整改后的工程质量情况进行复查，如果验收合格，交由专业监理工程师、总监理工程师签字确认。

《监理工程师通知回复单》填写样式见表2-7。

表2-7 监理工程师通知回复单表(C.1.7)

工程名称	××市第一中学教学楼	施工编号	××××××
		监理编号	××××××
		日　　期	20××年×月×日

致：　××市建设工程监理公司　（监理单位）

　　我方接到编号为　××××××　的监理工程师通知后，已按要求完成了框架柱根部混凝土出现孔洞的返修工作，现报上，请予以复查。

详细内容：
1. 已对框架柱根部的孔洞采用比柱混凝土高一等级的水泥砂浆进行了修复。
2. 已对修复完的混凝土表面进行了质量验收，满足验收规范的要求。
3. 已对工人进行了教育，加强了工人的质量意识。
4. 已制定了预防措施，杜绝同类质量缺陷的发生。

专业承包单位：_____　　项目经理/责任人：_____
施工总承包单位：××市第一建筑工程公司　　项目经理/责任人：×××

复查意见：

经检查，该部位的返修工作已经做好，准许进行下道工序施工。

　　　　　　　　　　　　　　　　　　　监 理 单 位：××市建设工程监理公司
　　　　　　　　　　　　　　　　　　　总/专业监理工程师：×××
　　　　　　　　　　　　　　　　　　　日期：20××年×月×日

本表由施工单位填报，一式两份，监理单位、施工单位各保存一份。

课题二　施工技术文件(C2)

一、工程技术文件报审表

　　施工单位向监理单位报送的工程技术文件(包括施工组织设计、施工方案、质量处理措施、技术核定单等)，应按规定填写《工程技术文件报审表》。

　　总监理工程师组织专业监理工程师对工程技术文件进行审查，并签署审查意见。需要修改的内容，应签发书面意见，要求施工单位整改后重新报审，经总监理工程师审核后，填写审批意见并报送建设单位。

如果是分包单位编制的工程技术文件,应经总承包单位审核合格后报送监理单位。

《工程技术文件报审表》填写样式见表2-8。

表 2-8　工程技术文件报审表(表 C.2.1)

工程名称	××市第一中学教学楼	施工编号	××××××
		监理编号	××××××
		日　期	20××年×月×日

致　　××市建设工程监理公司　　(监理单位)

我方已编制完成了　　施工组织设计　　技术文件,并经相关技术负责人审查批准,请予以审定。

附:技术文件　315　页　1　册

施工总承包单位:××市第一建筑工程公司　　　项目经理/负责人:×××
专业承包单位:＿＿＿＿＿＿＿＿＿＿＿　　　项目经理/负责人:×××

专业监理工程师审查意见:

同意按此施工组织设计进行施工。

专业监理工程师:×××
日期:20××年×月×日

总监理工程师审批意见:

审定结论:□同意　　□修改后再报　　□重新编制

监理单位:××市建设工程监理公司
总监理工程师:×××
日期:20××年×月×日

本表由施工单位填写,一式两份,监理单位、施工单位各保存一份。

二、施工组织设计及施工方案

《施工组织设计及施工方案》是指施工单位开工前为工程所做的施工组织、施工工艺、施工计划等方面的设计,是指导拟建工程全过程中各项活动的技术、经济和组织的综合性文件。

1. 主要内容

(1)工程概况和工程特点。

(2)施工准备工作计划。

(3)施工部署及相应的技术组织措施。
(4)主要施工方法。
(5)各项资源需用量计划。
(6)工程质量、进度、安全保证措施。
(7)施工现场文明施工保证措施。
(8)雨期、冬期施工保证措施。
(9)施工进度计划。
(10)施工平面布置图。

2. 编制要求

(1)施工组织设计或实施的施工方案应内容齐全、步骤清晰、层次分明。
(2)应能反映工程特点。
(3)编制要及时,应在施工前完成,并报审通过。
(4)参编人员(技术人员、质检人员、预算人员、材料人员、财务人员等)应在会签表上签字,交项目经理签署意见并签字,报监理单位审批。

三、危险性较大的分部分项工程的施工方案

根据住房和城乡建设部发布的《危险性较大的分部分项工程安全管理办法》的规定,危险性较大的分部分项工程应当在施工前单独编制专项施工方案,超过一定规模的危险性较大的分部分项工程施工方案,还应由专家进行论证。

施工单位负责编制危险性较大的分部分项工程施工方案,并组织召开专家认证会,填报《危险性较大分部分项工程施工方案专家论证表》,经专家签字确认后存档。

1. 危险性较大的分部分项工程

(1)基坑支护与降水工程。基坑支护工程是指开挖深度超过 5 m(含 5 m)的基坑(槽)并采用支护结构施工的工程;或基坑虽未超过 5 m,但地质条件和周围环境复杂、地下水位在坑底以上等工程。
(2)土方开挖工程。土方开挖工程是指开挖深度超过 5 m(含 5 m)的基坑、槽的土方开挖。
(3)模板工程。各类工具式模板工程,包括滑模、爬模、大模板等,水平混凝土构件模板支撑系统及特殊结构模板工程。
(4)起重吊装工程。
(5)脚手架工程。高度超过 24 m 的落地式钢管脚手架、附着式升降脚手架,包括整体提升与分片式提升、悬挑式脚手架、门式脚手架、挂脚手架、吊篮脚手架、卸料平台。
(6)拆除、爆破工程。采用人工、机械拆除或爆破拆除的工程。
(7)其他危险性较大的工程。包括建筑幕墙的安装施工,预应力结构张拉施工,隧道工程施工,桥梁工程施工(含架桥),特种设备施工,网架和索膜结构施工,6 m 以上的边坡施工,大江、大河的导流、截流施工,港口工程,航道工程,采用新技术、新工艺、新材料,可能影响建设工程质量安全,已经得到行政许可,尚无技术标准的施工。

2. 需要专家组进行论证审查的分部分项工程

(1)深基坑工程。开挖深度超过 5 m(含 5 m)或地下室三层以上(含三层),或深度虽未

超过5 m(含5 m),但地质条件和周围环境及地下管线极其复杂的工程。

(2)地下暗挖工程。地下暗挖及遇有溶洞、暗河、瓦斯、岩爆、涌泥、断层等地质复杂的隧道工程。

(3)高大模板工程。水平混凝土构件模板支撑系统高度超过8 m,或跨度超过18 m,施工总荷载大于$10 kN/m^2$,或集中线荷载大于15 kN/m的模板支撑系统。

(4)30 m及以上高空作业的工程。

(5)大江、大河中深水作业的工程。

(6)城市房屋拆除爆破和其他土石大爆破工程。

3. 专家论证审查的要求

(1)施工单位应当组织不少于5人的专家组,对已编制的危险性较大的分部分项工程施工方案进行论证审查。

(2)专家组必须提出书面论证审查报告,施工单位应根据论证审查报告对施工方案进行完善,经由施工单位技术负责人、总监理工程师签字后,方可实施。在实施过程中,施工单位应严格按照施工方案组织施工。

(3)专家组书面论证审查报告应作为施工方案的附件存档备查。

《危险性较大分部分项工程施工方案专家论证表》填写样式见表2-9。

表2-9 危险性较大分部分项工程施工方案专家论证表(表C.2.2)

工程名称	××市第一中学教学楼		编 号	××××××
施工总承包单位	××市第一建筑工程公司		项目负责人	×××
专业承包单位	/		项目负责人	/
分项工程名称	高支模			
专家一览表					
姓名	性别	年龄	工作单位	职务	职称	专业
××	男	××	××××××××	总工程师	高级工程师	建筑施工
……	……	……	……	……	……	……
专家论证意见: 经过专家论证,一致通过,同意施工单位按此施工方案进行施工。 20××年×月×日					
签字栏	组长:××× 专家:××× ××× ××× ××× ×××					
本表由施工单位填写,一式两份,监理单位、施工单位各保存一份。					

四、技术交底记录

技术交底是施工企业进行技术、质量管理的一项重要环节技术交底是把设计要求、施工措施、安全生产贯彻到基层的一项管理办法。技术交底应形成《技术交底记录》，并存档。

重点和大型工程的施工组织设计技术交底应由施工企业的技术负责人把主要设计要求、施工措施重要事项对项目主要管理人员进行交底；其他工程施工组织设计技术交底由项目技术负责人进行交底。

专项施工方案技术交底应由项目技术负责人负责，根据专项施工方案对专业工长进行交底。

分项工程施工技术交底应由专业工长对专业施工班组（或专业分包）进行交底。

"四新"技术交底应由项目技术负责人组织有关专业人员编制。

设计变更文件技术交底应由项目技术部门根据变更要求，并结合具体施工步骤、措施及注意事项等对专业工长进行交底。

(一)主要内容

1. 图纸交底

图纸交底包括工程的设计要求、地基基础、主体结构和建筑物的特点、构造做法与要求、抗震处理；设计图纸的轴线、标高、尺寸、预留孔洞、预埋件等具体事项；砂浆、混凝土、砖等材料质量和强度的要求，要做到掌握设计关键，认真按照图纸施工。

2. 施工组织设计交底

将施工组织设计的全部内容向施工人员交代，主要包括工程特点、施工部署、施工方法、操作规程、施工顺序及进度、任务划分、劳动力安排、施工现场平面布置、工序搭接、施工工期、质量标准及各项管理措施等。

3. 设计变更和工程洽商交底

在工程施工过程中，由于图纸本身差错或图纸与实际情况不符，或由于材料、施工条件发生变化等原因，会对图纸的部分内容作出修改。为避免在施工中发生差错，必须对设计变更、洽商记录或其他形式的图纸变动文件(如图纸会审、设计补充说明通知等)向管理和施工人员做统一说明，进行交底。

4. 分项工程技术交底

分项工程技术交底是各级技术交底的关键，应在各分项工程施工前进行。其主要内容为施工准备、操作工艺、技术安全措施、质量标准、新技术的特殊要求、劳动定额、材料消耗等。

5. 安全交底

必须实行逐级安全技术交底，纵向延伸到班组全体作业人员。安全交底主要包括工程项目的施工作业特点和危险点、针对危险点的具体预防措施、应注意的安全事项、相应的安全操作规程和标准、发生事故后应及时采取的避难和急救措施。

(二)编制要求

(1)按设计图纸要求，严格执行施工验收规范要求及安全技术措施。

(2)结合本工程的实际情况及特点，提出切实可行的新技术、新工艺，交底应清楚、明确。

(3)签章齐全，责任明确。

(4)编制应符合要求，按施工图设计要求详细填写，并逐一列出；交底内容齐全，交底时间应在施工前。

(5)交底技术负责人、交底人、接收交底人均应有本人签字,并发到施工班组。

《技术交底记录》填写样式见表2-10。

表2-10 技术交底记录(表C.2.3)

工程名称	××市第一中学教学楼	编　　号	××××××
		交底日期	20××年×月×日
施工单位	××市第一建筑工程公司	分项工程名称	混凝土浇筑
交底摘要	框架柱混凝土浇筑的机具准备、质量要求及施工工艺	页数	共1页,第1页

交底内容:

一、施工准备

钢管、塑料布、照明灯具、水平仪、经纬仪、溜筒、振捣棒、混凝土输送泵。

二、作业条件

(1)轴线、柱子线验收完毕。

(2)柱子钢筋、水电预埋完毕,符合设计及规范要求,并办完隐检手续。

(3)安装的模板已经检查,符合设计要求,办完预检。

(4)已经抄好高程水平控制线。

(5)校核混凝土配合比,进行技术交底,准备好混凝土试模。

三、操作工艺

(1)柱子浇筑要用溜筒,分层浇筑,每层厚度为450 mm。浇筑前用钢管制作标志尺杆,每450 mm用红油漆标识。浇筑时将标尺杆插入模板内,当浇筑位置到达标尺识线时,应停止浇筑,进行振捣,以此类推,至浇筑完整根柱子为止。

(2)柱子浇筑前,先浇水湿润模板和底部,并先浇筑同等级砂浆垫底,每根柱子砂浆厚度为30~50 mm,每根柱子砂浆2~3桶。

(3)柱子振捣时用人工插入式振捣,分层振捣,振捣棒应插入下层混凝土50 mm,人工振捣时间为20~30 s,振捣间距为500 mm,振捣时避免碰触模板、预埋件等。

(4)柱子水平施工缝留至梁底,浇筑高度应高出梁底20~30 mm,拆模后,在柱子四面按梁底标出+5 mm,弹出水平线,用云石机沿线切割,再人工剔平表面浮浆,露出坚实石子。由于梁、柱混凝土强度等级不同,梁、柱核心区的混凝土浇筑时将柱边向外延伸500 mm,用钢板网卡住,浇筑与柱子相同等级的混凝土,然后再浇筑其他梁板。

(5)柱子养护在拆模后立即用塑料布围裹,人工从柱顶向下洒水,每次间隔4 h,养护时间为7 d,并要有专人每日养护,如发现不安排人员,则罚款处理。

(6)混凝土柱允许偏差及检查方法:

1)轴线位置5 mm,用尺量。

2)截面尺寸±3 mm,用尺量。

3)表面平整±3 mm,用尺量。

4)角线直度3 mm,用吊线。

5)保护层厚度+5 mm、-3 mm,用尺量。

四、质量要求

(1)混凝土在浇筑前要测量坍落度,坍落度为(160±20)mm,满足要求方可使用。如不满足要求,则必须报告工长,退回搅拌站重新搅拌。

(2)浇筑混凝土时必须设专人看护钢筋、模板,看护时要调整好主筋的保护层。

五、安全交底

(1)施工时应注意用电安全,照明采用探照灯。

(2)尽量选用环保型低噪声振捣器,振捣时应配合相应人员控制电源的开关,防止振捣棒空转

签字栏	交底人	×××	审核人	×××
	接受交底人	×××		

本表由施工单位填写,一式一份,施工单位自行保存一份。

五、图纸会审记录

为了使监理工程师和施工单位了解工程特点、熟悉设计图纸和设计意图并对关键工程部位的质量要求、及早纠正图面差错，将图纸中的质量隐患消灭于萌芽状态，做到准确按图施工、保证工程质量，所以，在工程正式开工前必须认真进行图纸会审。

《图纸会审记录》是对设计文件进行审查和会审，对提出的问题予以记录的技术文件。

1. 图纸会审的要求

(1)所有建筑工程均应按要求组织图纸会审，重点工程还应有设计单位对工程质量的技术交底记录以及对重要部位的技术要求和施工程序要求等技术交底资料。

(2)会审的时间在工程正式施工前，由建设单位组织，设计单位、监理单位、施工单位的相关人员参加，共同进行图纸会审，将施工图中的问题提前予以解决。

(3)凡参与该工程建设的施工、监理各单位，在会审前均应对施工图设计进行学习；各工种先对施工图初审，然后各专业人员对施工图进行会审；总、分包单位之间要进行专业之间的协作、配合和洽商。

2. 图纸会审的目的

(1)通过事先认真地熟悉图纸，了解设计意图、工程质量标准，以及新结构、新技术、新材料、新工艺的技术要求；了解图纸之间的尺寸关系、相互要求与配合等内在的联系，以便采取正确的施工方法。

(2)在熟悉图纸的基础上，通过有设计、建设、监理、施工单位的土建、安装等专业人员参加的会审，将有关问题解决在施工之前，给施工创造良好的条件。

(3)在图纸会审时解决图纸中存在的土建、水、电、通风、空调、设备安装中各类管道敷设过程中出现的矛盾；对在图纸中发现的尺寸、坐标、标高、说明、索引等错误，加以改正。

3. 图纸会审的方法

(1)由建设单位组织，设计单位、施工单位、监理单位参加，以会议的形式进行。

(2)会审分两个阶段进行。第一阶段是进行内部预审，由施工单位的有关人员负责在一定期限内找出施工图纸中的问题，并进行整理归类，会审时一并提出；监理单位同时也应进行类似的工作，为正确开展监理工作奠定基础。第二阶段是会审，由建设单位组织，设计单位交底，施工、监理单位提出预审中的问题，设计单位逐一给予解决。

(3)对提出的问题进行处理。一般问题经设计单位同意的，可在图纸会审记录中注释并进行修改，并办理签字、盖章手续。较大的问题由建设、监理、设计、施工单位洽商，由设计单位修改，经监理单位同意后向施工单位签发设计变更图或设计变更通知单。

4. 图纸会审的主要内容

(1)建筑、结构、设备安装等设计图纸是否齐全，手续是否完备；设计是否符合国家有关的现行技术和经济政策、法律、法规、规范、标准的规定；如果有引用标准图集的，注意引用标准图集号是否明确。

(2)图纸总的做法说明(包括分项工程做法说明)是否齐全、清楚、明确；建筑、结构、安装图、装饰和节点大样图之间有无矛盾；设计图纸（平、立、剖、构件布置、节点大样）之间相互配合的尺寸是否相符；分尺寸和总尺寸，大、小样图、建筑图与结构图、土建图与水、电安装图之间互相配合的尺寸是否一致，有无错误和遗漏；设计图纸本身、建筑构造与结构构造之间在立体与空间上有无矛盾；预留孔洞、预埋件、大样图或采用标准构配件图的型号、尺寸，有无错误与矛盾。

(3)总图的建筑物坐标位置与单位工程建筑平面图是否一致；建筑物的设计标高是否可行；地基与基础的设计是否与实际情况一致，是否符合该工程地质勘察报告结论要求；建筑物与地下构筑物及管线之间有无矛盾。

(4)主要结构的设计在承载力、刚度、稳定性等方面有无问题；主要部位的建筑构造是否合理；设计能否保证工程质量和安全施工。

(5)设计图纸的结构方案、建筑装饰与施工单位的施工能力、技术水平、技术装备有无矛盾；采用新工艺、新技术，施工单位有无困难；所需特殊建筑材料的品种、规格、数量能否解决；专业机械设备能否保证。

(6)安装专业的设备、管架、钢结构立柱、金属结构平台、电缆、电线支架及设备基础是否与工艺图、电气图、设备安装图和到货的设备一致；传动设备、随机到货图纸和出厂资料是否齐全、技术要求是否合理、是否与设计图纸及设计技术文件一致；底座同土建基础是否一致；管口相对位置、接管规格、材质、坐标、标高是否与设计图纸一致；管道、设备及管件需防腐处理、脱脂及特殊清洗时，设计结构是否合理，技术要求是否切实可行。

5. 填写要求

《图纸会审记录》由组织单位进行临时记录，当达成协议后，由施工单位整理汇总，形成正式会审记录。会审内容应按土建、水、电顺序分别整理，并按下列要求填写：

(1)凡需经设计单位提出设计变更或会审确定下来的解决意见，均需在答复意见栏内填写清楚，并由设计单位签发设计变更通知单；凡在会议上设计单位未给出解决意见的问题，在答复意见栏内填写待定。

(2)参加会审的设计、建设、监理、施工单位的负责人必须在会审记录上签字。

(3)表中设计单位签字栏应为项目专业设计负责人签字，建设单位、监理单位、施工单位签字栏应为项目技术负责人或相关专业负责人签字。

《图纸会审记录》填写样式见表2-11。

六、设计变更通知单

《设计变更通知单》是在设计施工过程中，由于设计图纸本身的问题、设计图纸与实际情况不符，或施工条件变化，原材料的规格、品种、质量不符合设计要求，以及有关人员提出的合理化建议等原因，需要对设计图纸部分内容进行修改而办理的变更设计文件。

1. 设计变更通知单的签发

当遇有下列情况之一时，必须由设计单位签发变更通知单：

表2-11 图纸会审记录(表C.2.4)

工程名称	××市第一中学教学楼		编号	××××××
			日期	20××年×月×日
设计单位	××市建筑设计研究院		专业名称	土建
地 点	××市第一中学会议室		页 数	共6页,第1页
序号	图号	图纸问题		答复意见
1	建施—1	本工程外墙防水保护层为聚乙烯片材,可否改为120厚页岩砖。		改为120厚页岩砖。
2	建施—2	门窗表LD1824尺寸为1 800 mm×2 400 mm,LD2424尺寸为2 400 mm×2 400 mm,而剖面图及墙身大样图中标注的相应高度为2 350 mm。		LD1824:1 800 mm×2 350 mm LD2424:2 400 mm×2 350 mm
3	结施—10	柱子钢筋接头位置能否明确定位。		所有柱子主筋第一个接头位置距楼(底)板1 200 mm;相邻钢筋接头位置错开1 400 mm
4	……	……		……
签字栏	建设单位	监理单位	设计单位	施工单位
	×××	×××	×××	×××

本表由施工单位整理汇总,一式五份,建设单位、设计单位、监理单位、施工单位、城建档案馆各保存一份。

(1)当决定对图纸进行较大修改时。

(2)施工前或施工过程中发现图纸有差错、做法或尺寸有矛盾、结构变更、图纸与实际情况不符。

(3)建设单位提出对建筑构造、细部做法、使用功能等方面进行修改,并征得了设计单位的同意。

(4)施工单位因为技术或材料等原因造成了设计修改,经设计单位同意,可请求设计变更。

2. 设计变更要求及说明

(1)建设单位、监理单位、设计单位、施工单位均应维护设计的完整性。施工单位应按图纸施工,不得随意更改设计,如需更改设计时,必须取得设计单位同意并具有设计变更通知单或洽商记录。

(2)凡涉及主体结构及实践功能的设计变更,建设单位均应报原施工图审批机构批准。

(3)如果设计变更影响了建设规模和投资方向,应报请原批准初步设计的单位同意后方准修改;如果设计变更涉及结构问题,应报原设计图审查部门进行审查。

3. 填写要求

(1)《设计变更通知单》是经过设计、监理、建设单位审查同意后,发给施工和有关单位的重要文件,是建设、施工双方竣工结算的依据,是竣工图编制的依据之一,其文字记录应清楚,时间应准确,责任人签署意见应简单、明确。

(2)《设计变更通知单》的内容应明确、具体，办理及时，不得随意涂改和后补，必要时要附图。

《设计变更通知单》填写样式见表2-12。

表2-12 设计变更通知单(表C.2.5)

工程名称	××市第一中学教学楼	编号	××××××
		日期	20××年×月×日
设计单位	××市建筑设计研究院	专业名称	土建
变更摘要	梁高尺寸变更	页数	共1页，第1页
序号	图号	变更内容		
1	结施—5	图中5层④~⑤轴L1原设计梁高为300 mm，现改为400 mm，其余尺寸及配筋不变。		
2	……	……		
签字栏	建设单位 ×××	设计单位 ×××	监理单位 ×××	施工单位 ×××
本表由设计单位签发，一式五份，建设单位、设计单位、监理单位、施工单位、城建档案馆各保存一份。				

七、工程洽商记录(技术核定单)

建设单位、监理单位、施工单位在工程施工过程中，对涉及施工技术、工程造价、施工进度等方面问题提出合理化建议，需对施工图进行修改时，提出方和设计单位应与其他相关各方协商取得一致意见，对施工图按程序进行修改，并以《工程洽商记录》的形式经各方签字后存档。

发生修改时，应先有《工程洽商记录》，后施工。如果是特殊情况需先施工后办手续者，必须先征得设计单位同意，《工程洽商记录》需在一周内补上。

《工程洽商记录》的填写要求如下：

(1)应分专业办理，内容翔实，必要时应附图，并逐条注明应修改图纸的图号。

(2)不可将不同专业的工程洽商办理在同一份《工程洽商记录》上。

(3)应由设计专业负责人及建设、监理和施工单位的相关负责人签认，签字要保证齐全。涉及技术洽商的，由建设单位、监理单位、施工单位、设计单位签字盖章；涉及造价和工期洽商的，只需由建设单位、监理单位、施工单位签字即可。

《工程洽商记录(技术核定单)》填写样式见表2-13。

表 2-13　工程洽商记录(技术核定单)(表 C.2.6)

工程名称	××市第一中学教学楼	编号	××××××
		日期	20××年×月×日
提出单位	××市第一建筑工程公司	专业名称	土建
洽商摘要	屋面保温材料更换	页　数	共1页,第1页

序号	图号	洽商内容		
1	建施-01	总说明中,原屋面的保温层设计为 50 mm 厚挤塑板,现改为 100 mm 厚增强聚苯板,密度不小于 25 kg/m³。		
2	……	……		
签字栏	建设单位	设计单位	监理单位	施工单位
	×××	×××	×××	×××

本表由提出单位填写,一式五份,建设单位、设计单位、监理单位、施工单位、城建档案馆各保存一份。

课题三　进度造价文件(C3)

一、工程开工报审表

施工单位应在合同约定的开工日期前 7 天填报《工程开工报审表》和有关资料,总监理工程师对其申报资料进行审核并征得建设单位同意后签发。

(一)开工申请条件

(1)进场道路及水、电、通信和场地平整等已满足开工需要。
(2)施工单位质量管理体系、技术管理体系、质量保证体系和安全管理体系已建立和健全。
(3)施工单位已具有工程施工许可证和安全施工许可证。
(4)分期征地拆迁的工程,拆迁工作已能够满足工程进度的需要。
(5)施工单位的施工组织设计已获总监理工程师批准。
(6)施工单位现场管理人员已到位,机具、施工人员已进场,主要工程材料已落实。
(7)施工图纸已经有资质的图纸审查单位审查合格。
(8)设计交底、技术交底及图纸会审已经完成并会签完毕。
(9)第一次工地会议已经召开完毕。
(10)起重机械、计量设备和测量仪器已经法定部门检测合格。
(11)施工单位测量放线成果已经监理单位的复验合格。

只有在施工单位完全具备上述条件时,总监理工程师方可下达工程开工指令。

(二)资料要求

(1)《工程开工报审表》用于工程项目开工报审,由施工单位填报,监理单位复核和批复开工时间。

(2)整个项目一次开工只填报一次,如果工程项目中含有多个单位工程且开工时间不同,则每个单位工程都应填报一次。

(三)填表内容

1. 工程名称

工程名称是指相应的建设项目或单位工程名称,应与施工图的工程名称一致。

2. 附件

附件是指《施工现场质量管理检查记录》中要求的有关资料及其证明文件,包括《建筑工程施工许可证》;现场专职管理人员资格证、上岗证;现场管理人员、机具、施工人员进场情况;工程主要材料落实情况等资料。

3. 审查意见

审查意见是指监理工程师对施工单位的开工准备情况进行检查,并逐项记录检查结果,总监理工程师应在施工合同约定的时间内完成对开工申请的审批,并注明同意或不同意开工的原因及对施工单位的要求。

《工程开工报审表》填写样式见表2-14。

表2-14 工程开工报审表(表C.3.1)

工程名称	××市第一中学教学楼	施工编号	××××××
		监理编号	××××××
		日 期	20××年×月×日

致: ××市建设工程监理公司 (监理单位)

我方承担的 ××市第一中学教学楼 工程,已完成了以下各项工作,具备了开工条件,特此申请施工,请核查并签发开工指令。

附:开工资料

1. 建设工程施工许可证(或开工证)(复印件)。
2. 施工组织设计(含主要技术管理人员和特种工种人员资格证明)。
3. 施工测量放线工作已完成。
4. 主要人员、材料、设备已进场。
5. 施工道路、水、电、通信等已达到开工条件。

施工总承包单位(章):××市第一建筑工程公司

项目经理:×××

续表

审查意见： 经检查，该工程开工准备已经做好，具备开工条件，同意开工。 　　　　　　　　　　　　　　　　　监理单位：××市建设工程监理公司 　　　　　　　　　　　　　　　　　总监理工程师：××× 　　　　　　　　　　　　　　　　　日　　期：20××年×月×日

本表由施工单位填写，一式四份，建设单位、监理单位、施工单位、城建档案馆各保存一份。

二、工程复工报审表

对暂停施工的工程，在工程暂停因素消除后，施工单位应填报《工程复工报审表》，总监理工程师核查后签署审批意见。

由于施工单位原因导致工程暂停，在具备恢复施工条件时，监理单位应审查施工单位报送的复工申请及有关资料，同意后由总监理工程师签发《工程复工报审表》，指令施工单位继续施工。

(一)资料要求

(1)《工程复工报审表》用于停工的工程项目复工报审，由施工单位填写，监理单位复核和批复复工时间。

(2)因各种原因工程暂停，施工单位准备恢复施工，需要填写本表。

(二)填表内容

1. 工程名称

工程名称是指相应的建设项目或单位工程名称，应与施工图的工程名称一致。

2. 附件

具备复工条件的说明或证明——指证明已具备复工条件的相关资料。工程暂停原因是由施工单位的原因引起时，施工单位应报告整改情况和预防措施；工程暂停原因是由非施工单位的原因引起时，施工单位仅提供工程暂停原因消失证明。

3. 审查意见

审查意见是指监理工程师对施工单位的复工条件进行检查，并逐项记录检查结果，总监理工程师应在施工合同约定的时间内完成对复工申请的审批，并注明同意或不同意复工的原因及对施工单位的要求。

《工程复工报审表》填写样式见表2-15。

表 2-15　工程复工报审表(表C.3.2)

工程名称	××市第一中学教学楼	施工编号	××××××
		监理编号	××××××
		日　期	20××年×月×日

致：　××市建设工程监理公司　　（监理单位）

　　根据　×　号《工程暂停令》，我方已按照要求完成了以下各项工作，具备了复工条件，特此申请，请核查并签发复工指令。

附：具备复工条件的说明或证明
　1. 临时用电施工方案已上报，临时用电资料已补齐。
　2. 脚手架施工方案已上报。
　3. 农民工教育重新使用标准试卷考试。
　4. 对木工、混凝土工有交底。
　5. 电工××已做了相应教育。
　6. 场内道路已做了硬化处理。
　7. 对小型机械设备已验收并做了检修记录。

专业承包单位：＿＿＿＿＿＿＿＿＿＿＿　　　　　　项目经理/责任人：＿＿＿＿＿
施工总承包单位：××市第一建筑工程公司　　　项目经理/责任人：×××

审查意见：

　　经检查，该工程复工准备已经做好，具备复工条件，同意复工。

　　　　　　　　　　　　　　　　　　　　监理单位：××市建设工程监理公司
　　　　　　　　　　　　　　　　　　　专业监理工程师：×××
　　　　　　　　　　　　　　　　　　　　总监理工程师：×××
　　　　　　　　　　　　　　　　　　　　　日　期：20××年×月×日

本表由施工单位填写，一式四份，建设单位、监理单位、施工单位、城建档案馆各保存一份。

三、施工进度计划报审表

《施工进度计划报审表》是由施工单位根据已批准的施工总进度计划，按施工合同约定或监理工程师的要求而编制的施工进度计划，报送监理单位审查、确认和批准的资料。

(一)施工进度计划报审程序

(1)施工单位按施工合同要求的时间编制好施工进度计划，并填报《施工进度计划报审表》报监理单位。

(2)专业监理工程师对施工单位所报的《施工进度计划报审表》及有关资料进行审查，并向总监理工程师报告。

(3)总监理工程师按施工合同要求的时间,对施工单位所报的《施工进度计划报审表》予以确认或提出修改意见。应该注意,编制和实施施工进度计划是施工单位的责任,因此,监理单位对施工进度的审查或批准,并不影响施工单位对施工进度计划的责任和义务。

(二)资料要求

(1)《施工进度计划报审表》由施工单位填报,加盖公章、项目经理签字,经专业监理工程师审查,符合要求后报送总监理工程师,总监理工程师批准后签字有效,加盖监理单位章。

(2)施工单位提请施工进度计划报审,提供的附件应齐全、真实,对任何不符合附件要求的资料,施工单位不得提请报审,监理单位不得签发报审表。

(3)施工进度计划有调整时。调整计划是在原有计划已不适应实际情况,为确保进度控制目标的实现,需确定新的计划目标时对原有进度计划进行的调整。

(三)填表说明

1. 附件

附件是指报审的工程施工进度计划,包括编制说明、形象进度、工程量、机械、劳动力计划等。

2. 专业监理工程师审查意见

专业监理工程师审查意见是对施工进度计划进行审核,主要审核其与所批准总进度计划的开工、完工时间是否一致;主要工程内容是否有遗漏;各项施工计划之间是否协调;施工顺序的安排是否符合施工工艺要求;材料、设备、施工机械、劳动力、水、电等生产要素供应计划能否保证进度计划的需要,供应是否均衡;对建设单位提供的施工条件的要求是否准确、合理等。

3. 总监理工程师审核意见

由总监理工程师简要说明同意或不同意的原因和理由,提出建议、修改、补充的意见。《施工进度计划报审表》填写样式见表2-16。

四、施工进度计划

《施工进度计划》是施工组织设计的中心内容,是建设工程按合同规定的期限交付使用的保证,施工中的其他工作必须围绕着并按照施工进度计划的要求安排。

《施工进度计划》的种类和施工组织设计相适应,分为施工总进度计划和单位工程施工进度计划。

施工总进度计划包括建设项目(企业、住宅区等)的施工进度计划和施工准备阶段的进度计划。按生产工艺和建设要求,确定投产建筑群的主要和辅助的建筑物与构筑物的施工顺序、相互衔接和开竣工时间,以及施工准备工程的顺序和工期。

单位工程施工进度计划是施工总进度计划有关项目施工进度的具体化,一般土建工程的施工组织设计还考虑了专业和安装工程的施工时间。

表 2-16　施工进度计划报审表(表 C.3.3)

工程名称	××市第一中学教学楼	施工编号	××××××
		监理编号	××××××
		日　期	20××年×月×日

致　　××市建设工程监理公司　　(监理单位)

　　我方已根据施工合同的有关约定完成了　××市第一中学教学楼　工程总/年第　2　季度　5　月份工程施工进度计划的编制，请予以审查。

　　附：施工进度计划及说明
　　　　1. 施工进度计划(说明、图表、工程量、资源配备)　4　份。
　　　　2. 其他资料　5　份。

施工总承包单位(章)：××市第一建筑工程公司　　　　　　　　　项目经理：×××

专业监理工程师审查意见：

　　经审查，施工进度计划编制有可行性和合理性，与工程实际情况相符，符合合同工期及总控计划要求，同意按此计划组织施工。

　　　　　　　　　　　　　　　　　　　　　　专业监理工程师：×××
　　　　　　　　　　　　　　　　　　　　　　日期：20××年×月×日

总监理工程师审核意见：

　　同意按此计划组织施工。

　　　　　　　　　　　　　　　　　　　　　　监理单位：××市建设工程监理公司
　　　　　　　　　　　　　　　　　　　　　　总监理工程师：×××
　　　　　　　　　　　　　　　　　　　　　　日期：20××年×月×日

本表由施工单位填写，一式三份，建设单位、监理单位、施工单位各保存一份。

　　《施工进度计划》的编制方法有两种：一种是横道图法(又称甘特图法)；另一种是网络图法。
　　横道图是一种带时标的表格形式计划，具有简明、形象、易懂的优点，其缺点是不能在进度计划中表示出各项工作之间的相互关系和完成计划的关键所在，对于特别复杂的项目，难以适应计划管理的需要。
　　网络图是网络计划方法按流水作业原理进行的，可将整个施工进程联系起来，形成一个有机的整体，反映出各项工作(工程或工序)的工艺联系和组织联系，能为管理人员提供各种有用的管理信息。
　　《施工进度计划》由施工单位负责编制，经监理单位审核合格后实施并应存档。

五、__年__月人、机、料动态表

施工单位应定期向监理单位上报工程施工所需的劳动力、机械设备、主要材料的使用情况，并填报《__年__月人、机、料动态表》，由监理单位进行核查。

主要施工设备(如塔式起重机、外用电梯等)进场并调试合格后，也应填写本表，其安检资料及计量设备检定资料，应于开始使用前的一个月内，作为本表的附件，由施工单位报审，监理单位留存备案。

《__年__月人、机、料动态表》的填写要求如下：

(1)"劳动力"栏应按施工现场实际工种情况填写并进行合计。

(2)"主要机械"栏应按施工现场实际使用的主要机械填写，核准其生产厂家、规格型号和数量。

(3)"主要材料"栏应填写工程使用的主要材料，并核准相应材料的库存量、进场量和消耗量。

《__年__月人、机、料动态表》填写样式见表2-17。

表2-17　__年__月人、机、料动态表(表C.3.4)

工程名称	××市第一中学教学楼				编号		××××××	
					日期		20××年×月×日	
致：__××市建设工程监理公司__（监理单位） 根据__20××__年__4__月施工进度情况，我方现报上__20××__年__4__月人、机、料统计表。									

劳动力	工种	混凝土工	瓦工	木工	钢筋工	电工	水暖工	其他	合计
	人数	30	40	100	65	6	5	16	262
	持证人数	30	40	100	65	6	5	16	262

主要机械	机械名称	生产厂家	规格、型号	数量
	空压机	×××××××	W—3/5	1台
	大电锤	×××××××	GBH5—38D	5台
	搅拌机	×××××××	GB3—425	1台
	…	…	…	……

主要材料	名称	单位	上月库存量	本月进场量	本月消耗量	本月库存量
	砂	m³	无	40	35	5
	碎石	m³	无	30	28	2
	水泥	t	无	10	8	2
	…	…	…	…	…	…

附件： 塔式起重机安检资料、特殊工种岗位证书复印件。 　　　　　　　　　　　　　　　　　　　　施工单位：××× 　　　　　　　　　　　　　　　　　　　　项目经理：×××
本表由施工单位填写，一式两份，监理单位、施工单位各保存一份。

六、工程延期申请表

工程延期报审是指发生了非施工单位原因、按施工合同约定由建设单位承担的延期责任事件后，施工单位提出工期索赔，向监理单位报送《工程延期申请表》。

监理单位收到施工单位报送的《工程延期申请表》后，总监理工程师应及时组织专业监理工程师进行审查，签发《工程延期审批表》，并报建设单位。

1. 工程延期报审程序

(1)施工单位在施工合同规定的期限内，向监理单位提交工程延期意向通知书。

(2)总监理工程师指定专业监理工程师收集与延期有关的资料。

(3)施工单位在承包合同规定的期限内向监理单位提交《工程延期申请表》。

(4)总监理工程师指定专业监理工程师初步审查《工程延期申请表》是否符合有关规定。

(5)总监理工程师应在施工合同规定的期限内签署工程延期的意见，或在施工合同规定期限内发出要求施工单位提交有关延期的进一步详细资料后，按上述程序进行。

2. 确认延期的基本条件

(1)工程变更指令导致的工程量增加。

(2)合同中涉及的任何可能造成工程延期的原因。

(3)异常恶劣的气候条件。

(4)由建设单位造成的任何延误、干扰或障碍等。

(5)施工单位自身外的其他原因。

3. 资料要求

(1)《工程延期申请表》由施工单位填报，加盖公章，项目经理签字，经专业监理工程师初审符合要求后签字，由总监理工程师最终审核签字，加盖监理单位章。

(2)施工单位提请工程延期报审时，提供的附件包括工程延期的依据及工期计算、合同竣工日期、申请延长竣工日期的计算。证明材料应齐全真实，对任何不符合附件要求的资料，施工单位不得提请报审，监理单位不得签发报审表。

4. 填表说明

(1)"根据施工合同____条____款的约定"填写提出工期索赔所依据的施工合同条目。

(2)"由于_____的原因"填写导致工期拖延的事件。

(3)附件：

1)"工期延期的依据及工期计算"指索赔所依据的施工合同条款、导致工程延期事件的事实、工程拖延的计算方式及过程。

2)"合同竣工日期"指建设单位与施工单位签订的施工合同中确定的竣工日期或已获最终批准的竣工日期。

3)"申请延长竣工日期"指"合同竣工日期"加上本次申请延长工期后的竣工日期。

4)"证明材料"指导致工程延期的原因、计算依据等有关证明文件。

《工程延期申请表》填写样式见表2-18。

表 2-18 工程延期申请表(表 C.3.6)

工程名称	××市第一中学教学楼	编号	××××××
		日期	20××年×月×日

致_____××市建设工程监理公司_____(监理单位)

根据施工合同__×__条__××__款的约定，由于_____设计变更_____的原因，我方申请工程延期，请予以批准。

附：
1. 工程延期的依据及工期计算：略
  合同竣工日期：20××年×月×日
  申请延长竣工日期：20××年×月×日

2. 证明材料。

专业承包单位：_____ 项目经理/负责人：_____
施工总承包单位：××市第一建筑工程公司 项目经理/负责人：×××

本表由施工单位填写，一式三份，建设单位、监理单位、施工单位各保存一份。

七、工程款支付申请表

工程款支付申请是施工单位根据施工合同中有关工程款支付约定的条款，向监理单位申请支付工程预付款、工程进度款的申请。

申请支付工程款金额应包括合同内工程款、工程变更增减费用、批准的索赔费用、扣除应扣预付款、保留金及施工合同中约定的其他费用。

1. 资料要求

(1)《工程款支付申请表》由施工单位填报。

(2)施工单位提请工程款支付申请时，提供的附件(工程量清单、计算方法)必须齐全、真实，对任何形式的不符合工程款支付申请的内容，施工单位不得提出申请。

(3)施工单位应认真填写表列子项，不得缺漏。《工程款支付申请表》必须有施工单位盖章，由项目经理签字。

(4)施工单位统计报送的工程量必须是经专业监理工程师质量验收合格的工程，才能按施工合同的约定填报工程量清单和工程款支付申请表。

(5)施工单位报送的工程量清单和工程款支付申请表，专业监理工程师必须按施工合同的约定进行现场计量复核，并报总监理工程师审定。

(6)总监理工程师指定专业监理工程师对工程款支付申请中包括合同内工作量、工程变更增减费用、经批准的费用索赔、应扣除的预付款、保留金及施工合同约定的其他支付费用等项逐项审核，并填写审查记录，提出审查意见报总监理工程师审核签认。

2. 填表说明

(1)"我方已完成了_____工作"栏填写经专业监理工程师验收合格的工程(如定期支付进度款，填写本支付期内经专业监理工程师验收合格工程的工作量)。

(2)附件：

1)"工程量清单"指本次付款申请中，经过专业监理工程师确认的、已完成的合格工程的工程量清单，及经专业监理工程师签认的工程计量报审表(包括监理单位确认的工程变更)。

2)"计算方法"指本次付款申请中，经过专业监理工程师确认的、已完成的合格工程量按施工合同约定采用的有关定额的工程价款的计算方法。

《工程款支付申请表》填写样式见表2-19。

表2-19 工程款支付申请表(表C.3.6)

工程名称	××市第一中学教学楼	编号	××××××
		日期	20××年×月×日

致 ××市建设工程监理公司 (监理单位)

我方已完成了 4层框架结构模板、钢筋和混凝土工程 工作，按施工合同 × 条 × 款的规定，建设单位应于 20×× 年 × 月 × 日前支付该项工程款共(大写) 叁佰柒拾伍万贰仟元整 (小写：3,752,000)，现报上 ××市第一中学教学楼 工程付款申请表，请予以审查并开具工程款支付证书。

附：
1. 工程量清单。
2. 计算方法。

施工总承包单位(章)：××市第一建筑工程公司　　　　　　　　项目经理：×××

本表由施工单位填写，一式三份，建设单位、监理单位、施工单位各保存一份。

八、工程变更费用报审表

在工程施工过程中，有可能会发生工程变更的情况，因为工程变更而发生了费用的变化，施工单位应就所发生的费用变更填报《工程变更费用报审表》，上报监理单位，总监理工程师应组织专业监理工程师对本表费用的计算进行审查。

1. 处理工程变更费用的程序

(1)监理单位应了解工程变更的实际情况并收集有关资料。

(2)总监理工程师应根据实际情况、设计变更文件和其他有关资料，按照施工合同的有关条款，在指定专业监理工程师完成下列工作后，对工程变更的费用作出评估。

1)确定工程变更项目与原工程项目之间的类似程度和难易程度。

2)确定工程变更项目的工程量。

3)确定工程变更的单价和总价。

(3)总监理工程师应就工程变更费用的评估情况，与建设单位和施工单位进行协调。

(4)总监理工程师签发本表。

2. 填表说明

(1)"申报第____号工程变更单"填写工程变更单的编号。

(2)附件。应包括工程变更的详细内容、变更的依据文件、工程变更对工程造价的影响程度、所涉及的费用是多少等。

(3)监理工程师审核意见。监理单位与有关方协商达成的一致意见,由专业监理工程师签字。

(4)总监理工程师审查意见。由监理单位的总监理工程师签署。

《工程变更费用报审表》填写样式见表2-20。

表2-20 工程变更费用报审表(表C.3.7)

工程名称	××市第一中学教学楼	施工编号	××××××
		监理编号	××××××
		日　　期	20××年×月×日

致　__××市建设工程监理公司__　(监理单位)

　　兹申报第__××__号工程变更单,申请费用见附表,请予以审核。

附:工程变更费用计算书

专业承包单位:_____　　　　　　项目经理/负责人:_____

施工总承包单位:××市第一建筑工程公司　　项目经理/负责人:×××

监理工程师审核意见:

同意。

　　　　　　　　　　　　　　　　　　　　监理工程师:×××
　　　　　　　　　　　　　　　　　　　　日期:20××年×月×日

总监理工程师审查意见:

同意。

　　　　　　　　　　　　　　　　　监 理 单 位:××市建设工程监理公司
　　　　　　　　　　　　　　　　　总监理工程师:×××
　　　　　　　　　　　　　　　　　日　　　　期:20××年×月×日

本表由施工单位填写,一式三份,建设单位、监理单位、施工单位各保存一份。

九、费用索赔申请表

《费用索赔申请表》是施工单位向建设单位提出费用索赔的事项,报送监理单位审查、确认和批复的资料。

总监理工程师应在施工合同约定的期限内签发《费用索赔审批表》,或发出要求施工单位提交有关索赔的进一步详细资料的通知。

1. 提出索赔申请的程序

(1)施工单位在施工合同规定的期限内向监理单位提交《工程索赔意向通知书》。

(2)总监理工程师指定专业监理工程师收集与索赔有关的资料。

(3)施工单位在承包合同规定的期限内向监理单位提交《费用索赔申请表》。

(4)总监理工程师初步审查索赔申请,符合《建设工程监理规范》所规定的条件时予以受理。

2. 资料要求

(1)施工单位提请报审索赔提供的附件(索赔的详细理由及经过、索赔额的计算、证明材料)必须齐全、真实,对任何形式的不符合索赔要求的内容,施工单位不得提出申请。

(2)监理单位必须认真审查施工单位报送的附件资料,填写复查意见。

(3)施工单位必须加盖公章,项目经理签字;监理单位必须加盖公章,总监理工程师、专业监理工程师分别签字。

(4)《费用索赔申请表》由施工单位填报,监理单位的总监理工程师签发。

3. 填表说明

(1)"根据施工合同____条____款的约定"填写提出索赔所依据的施工合同条目。

(2)"由于_____的原因"填写导致索赔的事件。

(3)"索赔的详细理由及经过"指索赔事件造成施工单位直接损失、索赔事件是由于非施工单位的责任发生的详细理由及事件经过。

(4)"索赔金额的计算"指提出此项费用索赔的计算依据。

(5)"证明材料"指上述两项所需的各种凭证。

《费用索赔申请表》填写样式见表2-21。

表 2-21 费用索赔申请表(表 C.3.8)

工程名称	××市第一中学教学楼	编号	××××××
		日期	20××年×月×日

致 ××市建设工程监理公司 (监理单位)

根据施工合同 × 条 ×× 款的约定,由于 建设单位负责订货的制冷机组未按时到货 的原因,我方要求索赔金额(大写) 壹万贰仟 元,请予以批准。

附:
1. 索赔的详细理由及经过。
2. 索赔金额的计算。
3. 证明材料。

专业承包单位:_____   项目经理/负责人:_____
施工总承包单位: ××市第一建筑工程公司   项目经理/负责人: ×××

本表由施工单位填写,一式三份,建设单位、监理单位、施工单位各保存一份。

课题四 施工物资文件(C4)

一、出厂质量证明文件及检测报告

施工材料出厂质量证明文件指的是用于工程上的材料，在出厂时所具有的出厂合格证、检测报告等能证明其质量符合要求的文件，包括法定检验机构的检验报告、企业承诺的产品质量合格证和说明书、产品的标识及合同等。对于进口材料，还需要报关单或商检证等。

需要出具出厂质量证明文件及检测报告的材料有：砂、石、水泥、外加剂、轻集料、钢筋、砖、砌块、隔热保温材料、防水材料、防腐材料、防火材料、预应力锚具、预应力夹具、预应力连接器、钢结构材料、装饰装修材料等。

出厂质量证明文件及检测报告以原件的形式存档。

二、进场检验通用表格

施工所用材料、构配件、设备进场后需要做进场检验，并填写相应的进场检验表格，包括《材料、构配件进场检验记录》《设备开箱检验记录》《设备及管道附件检验记录》。

施工所用材料、构配件、设备的进场检验由施工单位负责，并上报监理单位或建设单位，经监理单位或建设单位验收合格后使用，检验表格存档。

《材料、构配件进场检验记录》《设备开箱检验记录》填写样式见表2-22、表2-23。

表2-22 材料、构配件进场检验记录(表C.4.1)

工程名称		××市第一中学教学楼		编　号		××××××	
				检验日期		20××年×月×日	
序号	名称	规格型号	数量	生产厂家	外观检验项目	试件编号	备注
				质量证明书编号	检验结果	复检结果	
1	水泥	P·S32.5	15t	××××××××	包装	××××	
				×××××	满足要求	满足要求	
2	钢筋	φ20	15t	××××××××	标牌	××××	
				×××××	满足要求	满足要求	
3	…	…	…	…	…	…	
				…	…	…	

检查意见(施工单位)：经检查满足要求。

附件：共　12　页

续表

验收意见(监理/建设单位)					
☐同意　　☐重新检验　　☐退场　　　　　　　　　　　　　　　验收日期：20××年×月×日					
签字栏	施工单位	××市第一建筑工程公司	专业质量员	专业工长	质量员
			××	××	××
	监理或建设单位	××市建设工程监理公司	专业工程师		××
本表由施工单位填写,一式两份,监理单位、施工单位各保存一份。					

表 2-23　设备开箱检验记录(表 C.4.2)

工程名称	××市第一中学教学楼	编　号	×××××
		检验日期	20××年×月×日
设备名称	排烟风机	规格型号	CYF-41
生产厂家	××××××××	产品合格证编号	×××××
总数量	2 台	检验数量	2 台
进场检验记录			
包装情况	包装完整良好,无损坏,标识明确		
随机文件	出厂合格证 2 份,说明书 2 份,生产厂家资质证明		
备件与附件	箱体连接用胶条、螺栓、螺母齐全		
外观情况	外观良好,无损坏锈蚀现象		
测试情况	状况良好		
缺、损附备件明细			
序号	附备件名称　　规格	单位　　数量	备注
检查意见(施工单位): 经检查满足要求。 附：共　12　页			
验收意见(监理/建设单位) ☐同意　　☐重新检验　　☐退场　　　　　　　　　　　　　　　验收日期：20××年×月×日			
签字栏	供应单位	××××××××	责任人	×××
	施工单位	××市第一建筑工程公司	专业工长	×××
	监理或建设单位	××市建设工程监理公司	专业工程师	×××
本表由施工单位填写,一式两份,监理单位、施工单位各保存一份。				

三、进场复试报告

《进场复试报告》是为保证建筑工程质量，对用于工程的无特定表式的材料，进行有关指标测试，由具有资质的试验单位出具的质量证明文件。

对于用在工程上的材料，有的只需要有出厂质量证明文件，不需要做进场复试，有的既要有出厂质量证明文件，还应做材料进场复试。

材料的进场复试由施工单位负责，委托具有资质的试验检测单位进行。

进场材料经复试合格后，由试验检测单位出具《进场复试报告》，并上报监理单位，经监理单位审查合格后使用。

《进场复试报告》以原件的形式存档。

1.《进场复试报告》的种类

钢材试验报告；水泥试验报告；砂试验报告；碎(卵)石试验报告；外加剂试验报告；防水涂料试验报告；防水卷材试验报告；砖(砌块)试验报告；预应力筋复试报告；预应力锚具、夹具和连接器复试报告；装饰装修用门窗复试报告；装饰装修用人造木板复试报告；装饰装修用花岗石复试报告；装饰装修用安全玻璃复试报告；装饰装修用外墙面砖复试报告；钢结构用钢材复试报告；钢结构用防火涂料复试报告；钢结构用焊接材料复试报告；钢结构用高强度大六角头螺栓连接副复试报告；钢结构用扭剪型高强度螺栓连接副复试报告；幕墙用铝塑板、石材、玻璃、结构胶复试报告等。

2.《进场复试报告》的要求

(1)无特定表式的材料必须有出厂合格证和在施工现场取样的试验报告，试验子项目填写齐全，不得漏填或错填，复试单试验编号必须填写。

(2)试验结论要明确，责任人签字要齐全，不得漏签或代签。

(3)委托单上的工程名称、部位、品种、强度等级等与试验报告上应对应一致。

(4)必须填写报告日期，以检查是否为先试验后施工，"先用后试"为不符合要求。

(5)试验的代表批量和使用数量的代表批量应一致。

(6)必须实行见证取样时，试验室应在见证取样人名单上加盖公章和经手人签字。

(7)使用材料与规范及设计要求不符，为不符合要求。

(8)试验结论与使用品种、强度等级不符，为不符合要求。

课题五　施工文件(C5)

一、隐蔽工程验收记录

在施工过程中，上一道工序完成后移交下一道工序进行施工，并即将被下一道工序所掩盖，掩盖后，很难检查其材料是否符合规定、施工是否规范、质量是否满足要求，只有经过破坏才能再次进行复查，这样的工程部位就是隐蔽工程。凡未经隐蔽工程验收或验收不合格的工程，不得进行下道工序的施工。

《隐蔽工程验收记录》是对隐蔽工程部位进行检查验收的记录。

《隐蔽工程验收记录》是通用表格，适用于各隐蔽工程项目，所有隐蔽工程项目，均应在隐蔽前进行检查验收并填写此表。

(一)隐蔽检查验收的要求

(1)隐蔽工程验收由施工单位项目部的技术负责人提出，由质量员提前向监理单位报请。验收时，由专业技术负责人组织专业工长、质量员共同参加。验收后，各参验人员在检查验收记录上签字盖章，并由监理单位专业监理工程师(或建设单位项目专业技术负责人)签署验收意见及验收结论。

(2)隐蔽工程检查验收需按相应专业规范、规定执行，隐蔽内容应符合设计图纸及规范要求。

(3)隐蔽工程验收时，施工单位必须附有关分项工程质量验收及测试资料，包括原材料试(化)验单、质量验收记录、出厂合格证等，以备查验。

(4)隐蔽工程检查验收后，有需要进行处理的，处理后必须进行复查，并办理复查手续，填写复查日期，并作出复查结论。

(二)填表要求

(1)隐蔽工程验收记录应分专业、分楼层、分施工段、分部位按施工程序进行填写，宜按分项工程检验批填写。

(2)"隐检部位"填写隐蔽项目的检查部位或检验批所在部位。

(3)"隐检日期"填写验收日期。

(4)"主要材料名称及规格/型号"填写本隐蔽工程所需主要材料的情况。

(5)"隐检内容"应将隐检验收项目的具体内容描述清楚，内容不应遗漏，记录要齐全。包括位置、标高、材质、品种、规格、数量、焊接接头、防腐、管盒固定、管口处理等，必要时要附图说明。

(6)"检查结论""复查结论"由监理单位填写，验收意见要明确并下结论。针对第一次验收未通过的，要注明质量问题，并提出复查要求。

(7)《隐蔽工程验收记录》上签字、盖章要齐全，参加验收人员需要本人签字。

《隐蔽工程验收记录》填写样式见表2-24～表2-29。

(三)主要隐检项目及内容

1. 回填土方

凡对有承重部位的柱基、基坑、基槽或其他沟、池土方回填以及地面土方回填均应做回填土方隐蔽记录。隐蔽的内容如下：

(1)回填土方的土质名称、鉴别方法、取土地址、填方的基底状态、基底处理情况和被埋置部位隐蔽验收情况。

(2)回填分层厚度与总厚度、夯压方法、取土样的方法、土样分布状态、数量、干土质量密度可在试验报告中得出，其结论应记入隐蔽工程验收记录中。

(3)土壤干土质量密度试验报告所需样品应及时送样，及时试验，代表性要完整，试验报告结果应附于隐蔽工程验收记录中。

2. 支护工程

对于采用锚杆支护、土钉支护的工程，隐蔽的内容应有：

(1)锚杆、土钉的品种、规格、数量、位置、插入长度。

(2)埋入锚杆、土钉时，其钻孔直径、深度和角度等。

3. 桩基工程

采用桩基础的工程，应检查钢筋笼规格、尺寸、沉渣厚度、清孔情况，填入隐蔽工程验收记录。

4. 地下防水工程

地下防水工程的隐蔽内容有：

(1)混凝土施工缝、后浇带、穿墙套管、埋设件等设置的形式和构造。

(2)人防出口止水做法。

(3)防水层基层、防水材料规格、厚度、铺设方式、阴阳角处理、搭接密封处理等。

5. 砌体中的配筋

按分项工程检验批进行编制(多层、高层建筑分层)，隐蔽内容如下：

(1)写明施工图号、隐蔽部位、设计变更情况、设计抗震烈度。

(2)钢筋配置的部位、数量、规格、起止长度、弯钩情况及特殊部位(如十字墙、厚体墙、混凝土柱、防火墙、孔洞等处)的处理方法。

(3)加氯盐砌体处钢筋防腐处理、加工情况(如平直规整程度、有无焊接)；个别部位稳固、搭接情况。

砌体中的配筋工程隐蔽工程验收记录示例见表2-24。

6. 沉降缝、伸缩缝、防震缝

沉降缝、伸缩缝、防震缝的隐蔽内容如下：

(1)设计图号(标准图应写明图集号)、缝隙尺寸、室内外屋顶或地下构造的填塞缝隙材料及其处理情况，外表封闭方法及质量状态。

(2)缝隙留设和砌筑方法(夹板、抽芯)，缝中残留杂物清理结果。

(3)电气配线管、给水、采暖、燃气、通风等各种管道通过各式变形缝时补偿处理情况。

7. 主体结构的钢筋工程

(1)钢筋工程的隐蔽，是对覆盖前的分项工程检验批部位的隐蔽检查验收。多个梁、板或整体梁板一次浇筑覆盖，在没有大的设计变更时，可按分项工程检验批为单位做隐蔽记录。需做隐蔽记录的单一、成批的构件，如梁、板、柱、架、基墩等可编制单一的隐蔽记录。

(2)钢筋隐蔽的检查内容应包括：

1)钢筋配置是否符合设计要求(品种、规格、数量、位置及预埋件)。

表 2-24 隐蔽工程验收记录(通用)（表 C.5.1）

工程名称	××市第一中学教学楼	编　号	××××××
隐检项目	砖砌体中的拉结筋	隐检日期	20××年×月×日
隐检部位	一层 Ⓐ～Ⓑ/①～⑩ 轴线 ＋0.000～＋3.200 m 标高			

隐检依据：施工图号<u>结施－03</u>，设计变更/洽商/技术核定单(编号<u>　/　</u>)及有关现行国家标准等。
主要材料名称及规格/型号：<u>钢筋 φ6</u>

隐检内容：

1. 钢筋品种为 HPB300，规格为 φ6。
2. 钢筋设置在构造柱与墙体的连接处、转角处、纵横墙交接处、施工洞口处及接槎处。
3. 240 mm 厚墙设置 2 根，370 mm 厚墙设置 3 根。
4. 沿墙高每 500 mm 设置一道。
5. 钢筋每边伸出墙外 1000 mm。
6. 钢筋末端做 180°弯钩。

检查结论：

□同意隐蔽　　□不同意隐蔽，修改后复查

复查结论：

复查人：＿＿＿＿　　　　　　　　　　　　　　　　复查日期：＿＿＿＿＿＿

签字栏	施工单位	××市第一建筑工程公司	专业技术负责人	专业质量员	专业工长
			×××	×××	×××
	监理或建设单位	××市建设工程监理公司	专业工程师	×××	

本表由施工单位填写，一式四份，建设单位、监理单位、施工单位、城建档案馆各保存一份。

2)设计变更、材料代用情况。

3)施工质量，如绑扎方法、焊接方法、除锈状态、搭接长度、垫块厚度、焊接或搭接位置与方式等。

4)材质情况如焊件试验报告、钢筋出厂合格证件、进场试验报告等。

5)对重要结构部位的钢筋隐蔽，必要时可拍照或录像作为隐蔽附件存档。

(3)对于小型钢筋混凝土构件(门窗过梁、室内地沟盖板、挑檐板、阳台栏板、梁垫、小型墩、池等)，可不编写钢筋隐蔽工程验收记录。

主体结构的钢筋工程隐蔽工程验收记录示例见表 2-25。

表 2-25 隐蔽工程验收记录(通用)(表 C.5.1)

工程名称	××市第一中学教学楼	编　号	××××
隐检项目	框架柱中的钢筋	隐检日期	20××年×月×日
隐检部位	一层　　/　　轴线　　+3.60 m 标高			

隐检依据：施工图号<u>结施—05</u>，设计变更/洽商/技术核定单(编号　/　)及有关现行国家标准等。
　　　　主要材料名称及规格/型号：<u>φ12 钢筋</u>
　　　　　　　　　　　　　　　　<u>HRB335 钢筋，直径 30 mm、25 mm</u>

隐检内容：
1. 钢筋表面清洁、无锈，无污染物。
2. 按图施工，钢筋品种、规格、型号满足设计要求。
3. 柱规格为：800 mm×800 mm，角筋为 4 根直径 30 mm 的 HRB335 钢筋，其余主筋为 16 根直径 25 mm 的 HRB335 钢筋，箍筋为 φ12，六肢箍。箍筋弯钩135°，平直段长度为 120 mm。箍筋加密区长度为 800 mm，加密区箍筋间距 100 mm，非加密区箍筋间距为 150 mm，角柱全程加密，梁、柱核心区内钢筋加密，间距为 100 mm。
4. 柱钢筋连接采用直螺纹接头，上、下钢筋偏移不得超过 0.1d，接头轴线不得倾斜4°以上，接头距地面高度不大于 500 mm。
5. 柱箍筋距结构面 50 mm 高起步。
6. 柱保护层为 30 mm，使用塑料垫块，600 mm×600 mm 梅花形布置。
7. 钢筋绑扎牢固，无脱螺纹及松动现象，柱顶设定位框。

检查结论：

□同意隐蔽　　□不同意隐蔽，修改后复查

复查结论：

复查人：_____　　　　　　　　　　　　　　复查日期：_____

签字栏	施工单位	××市第一建筑工程公司	专业技术负责人	专业质量员	专业工长
			×××	×××	×××
	监理或建设单位	××市建设工程监理公司	专业工程师		×××

本表由施工单位填写，一式四份，建设单位、监理单位、施工单位、城建档案馆各保存一份。

8. 钢结构工程

钢结构工程中箱式结构等要对其防腐或防火涂装工程作为隐蔽检查验收。
(1)防火涂料或防腐涂料的品种、涂刷的遍数。
(2)连接螺栓的规格、位置、埋设方法、紧固等。
(3)所用材料的出厂合格证及进场复试报告。

9. 装饰装修工程

装饰装修工程中涉及隐蔽验收的，应按下列要求检查验收：
(1)地面工程。隐蔽内容包括地面垫层、基层、找平层、隔离层、防水层、填充层、地龙骨等所用的材料品种、规格及施工方法；垫层及隔热材料、填充层的铺设厚度和密实度；地面铺设方式、坡度、标高、表面情况、密封处理、粘结情况等；防水层与墙体、地漏、管道根部等连接做法。

(2)抹灰工程。抹灰总厚度大于或等于 35 mm 时的加强措施(分层厚度)；不同材料基体交接处的加强措施；当采用加强网时，加强网与基体的搭接宽度；加强构造的材料规格、铺设、固定、搭接等。

抹灰工程隐蔽工程验收记录示例见表 2-26。

表 2-26　隐蔽工程验收记录(通用)(表 C.5.1)

工程名称	××市第一中学教学楼	编　号	××××××
隐检项目	抹灰	隐检日期	20××年×月×日
隐检部位	六层外墙轴线　+21.600 m　标高		

隐检依据：施工图号结施—03，设计变更/洽商/技术核定单(编号　/　)及有关现行国家标准等。
　　主要材料名称及规格/型号：水泥砂浆，M5
　　　　　　　　　　　　　　钢丝网片，网眼尺寸 20 mm

隐检内容：
1. 外墙抹灰采用 M5 水泥砂浆，并加配钢丝网片，网眼尺寸为 20 mm。
2. 钢丝网片采用射钉与墙体连接牢固。
3. 墙体抹灰层厚度为 50 mm，施工时设标志块，能保证墙体垂直度满足要求。
4. 抹灰基层涂刷了界面剂，以防止抹灰层空鼓。

检查结论：

□同意隐蔽　　□不同意隐蔽，修改后复查

复查结论：

复查人：　　　　　　　　　　　　　　　　　　　　　　　　　　复查日期：

签字栏	施工单位	××市第一建筑工程公司	专业技术负责人	专业质量员	专业工长
			×××	×××	×××
	监理或建设单位	××市建设工程监理公司	专业工程师	×××	

本表由施工单位填写，一式四份，建设单位、监理单位、施工单位、城建档案馆各保存一份。

(3)门窗工程。门窗预埋件、锚固件、螺栓的规格、数量、位置、间距、埋设方式与框的连接方式；门窗框与主体连接部位的防腐、嵌填处理；密封材料的粘结等；塑料门窗内衬增强型材的壁厚及设置是否符合现行国家产品标准的要求。

门窗工程隐蔽工程验收记录示例见表 2-27。

表 2-27 隐蔽工程验收记录(通用)(表 C.5.1)

工程名称	××市第一中学教学楼	编　号	××××××
隐检项目	塑钢窗安装	隐检日期	20××年×月×日
隐检部位	二层　/　轴线　+7.20 m　标高		

隐检依据：施工图号建施-05，设计变更/洽商/技术核定单(编号　/　)及有关现行国家标准等。
　　主要材料名称及规格/型号：塑钢窗，1 800 mm×1 500 mm
　　　　　　　　　　　　　　膨胀螺栓，φ8

隐检内容：
1. 窗为塑钢窗，尺寸为 1 800 mm×1 500 mm。
2. 窗已准确定位，已弹出窗口水平线及垂直线的控制线。
3. 窗框已使用膨胀螺栓与墙体固定，每边固定两处，每处 2 个 φ8 膨胀螺栓，膨胀螺栓已做防腐处理。

检查结论：

□同意隐蔽　　□不同意隐蔽，修改后复查

复查结论：

复查人：　　　　　　　　　　　　　　　　　　　　　　　　　复查日期：

签字栏	施工单位	××市第一建筑工程公司	专业技术负责人	专业质量员	专业工长
			×××	×××	×××
	监理或建设单位	××市建设工程监理公司	专业工程师		×××

本表由施工单位填写，一式四份，建设单位、监理单位、施工单位、城建档案馆各保存一份。

(4)吊顶工程。吊顶内的吊杆、龙骨、吊件的材质、规格、安装间距及连接方式、固定方法；金属吊杆、龙骨的表面防腐处理；龙骨防火、防腐处理；填充材料和吸声材料的品种、规格、铺设的厚度、固定方法等；吊杆、龙骨的安装质量、牢固程度是否符合规范要求。

吊顶工程隐蔽工程验收记录示例见表 2-28。

表 2-28 隐蔽工程验收记录(通用)(表 C.5.1)

工程名称	××市第一中学教学楼	编　号	××××××
隐检项目	吊顶(会议室)	隐检日期	20××年×月×日
隐检部位	二层　/　轴线　+7.20 m　标高		

隐检依据：施工图号结施-09，设计变更/洽商/技术核定单(编号　/　)及有关现行国家标准等。
　　主要材料名称及规格/型号：φ8 钢筋
　　　　　　　　　　　　　　φ8 膨胀螺栓
　　　　　　　　　　　　　　T 形轻钢龙骨，TB24×28

续表

隐检内容：
1. 吊杆采用 φ8 钢筋，双向设置，间距 1 000 mm，上部与板底使用 φ8 膨胀螺栓固定，长度 800 mm。
2. 龙骨采用 T 形轻钢龙骨，型号为 TB24×28，中距 600 mm。
3. 吊顶内各种电线管已安装完毕，喷淋头、烟感器已安装完毕。
4. 吊顶内水暖管线已打压试水，未发生渗漏。

检查结论：

□同意隐蔽　　□不同意隐蔽，修改后复查

复查结论：

复查人：_____　　　　　　　　　　　　　复查日期：_____

签字栏	施工单位	××市第一建筑工程公司	专业技术负责人	专业质量员	专业工长
			×××	×××	×××
	监理或建设单位	××市建设工程监理公司	专业工程师	×××	

本表由施工单位填写，一式四份，建设单位、监理单位、施工单位、城建档案馆各保存一份。

(5)轻质隔墙工程。轻质隔墙的骨架、预埋件、连接件、拉结钢筋的材质、规格、位置、安装间距、数量、连接方法是否符合要求；龙骨及木面板的防火、防腐处理；填充材料的位置、材料是否干燥，填充是否密实、均匀，是否下坠；门窗洞口等部位加强龙骨的位置是否正确、牢固；边框龙骨与周边墙体及顶棚连接是否牢固，安装是否规范。

(6)饰面板(砖)工程。饰面板(砖)安装的预埋件(或后置埋件)、连接件的数量、规格、位置、连接方法和防腐处理；后置埋件的现场抗拉拔强度是否符合设计要求；厨房、厕所、墙裙等部位的防水层处理情况；防水层、找平层的构造做法。

(7)幕墙工程。幕墙工程的各种预埋件、连接件、紧固件的数量、规格、位置、连接方法和防腐处理；幕墙的构件之间及构件与主体结构的连接节点的安装和防腐处理；其安装质量是否牢固，连接是否符合设计及规范的要求；当无预埋件而采用其他方式可靠连接时，是否通过试验确定其承载力，有无试验报告；幕墙的防火、保温、防潮材料的设置及质量；幕墙的防雷装置是否与主体结构防雷装置可靠连接；幕墙四周、幕墙与主体结构之间间隙节点的处理、封口的安装；幕墙伸缩缝、沉降缝、防震缝及墙面转角节点和安装；幕墙防雷接地节点的安装等。

(8)细部工程。细部工程中橱柜、护栏和扶手等的预埋件(或后置埋件)和连接件的数量、规格、位置、连接方式、防腐处理，以及护栏与埋件的连接节点是否符合设计要求。

10. 屋面工程

屋面工程的隐蔽内容包括：

(1)基层、找平层、保温层、防水层、隔离层的材料品种、规格、厚度、铺设方式、搭接宽度、接缝处理、粘结情况。

(2)附加层、天沟、檐沟、泛水和变形缝细部做法、隔离层设置、密封处理部位等。

· 53 ·

11. 防水工程

(1)屋面、地下室、室内地面处的防水工程均应做防水工程隐蔽检查记录,隐蔽内容应包括:

1)记明隐蔽部位各层间(包括保温层等)质量情况(坡度、厚度、渗漏、积水)。

2)记载施工前(防水)测定的各层材料含水率数值。

3)对重大部位或重要节点处设计变更情况应加以说明(文字难以说明的可用图示说明)。伸缩缝处理、穿越防水层埋件等节点处理状况、验收情况。

(2)对保温、隔热层与节点处的防火、防虫、防腐蚀措施,应作出质量认定。

防水工程隐蔽工程验收记录示例见表 2-29。

表 2-29 隐蔽工程验收记录(通用)(表 C.5.1)

工程名称	××市第一中学教学楼	编　　号	××××××
隐检项目	防水层	隐检日期	20××年×月×日
隐检部位	屋面层　/　轴线　+36.00 m　标高			

隐检依据:施工图号建施-09,设计变更/洽商/技术核定单(编号　/　)及有关现行国家标准等。

主要材料名称及规格/型号:　SBS改性沥青防水卷材

隐检内容:

1. 屋面防水层采用 SBS 改性沥青卷材,设置两道。

2. 防水层在与女儿墙连接处、屋面转角处、伸出屋面管道处根部,先做附加层,附加层宽度为 500 mm,上翻高度为 250 mm。

3. 屋面防水层顺长度方向铺贴,长边搭接宽度为 100 mm,短边搭接宽度为 150 mm。

4. 卷材施工时采用热熔法铺贴,满粘施工。

5. 卷材的接缝处采用密封膏密封。

6. 防水卷材在立面处做收头处理:将卷材压入檐口槽内,压紧、压实。

检查结论:

☐同意隐蔽　　☐不同意隐蔽,修改后复查

复查结论:

复查人:_____　　　　　　　　　　　　　　　　　　　　　复查日期:_____

签字栏	施工单位	××市第一建筑工程公司	专业技术负责人	专业质量员	专业工长
			×××	×××	×××
	监理或建设单位	××市建设工程监理公司	专业工程师	×××	

本表由施工单位填写,一式四份,建设单位、监理单位、施工单位、城建档案馆各保存一份。

12. 外墙保温、防水工程

(1)外墙保温。保温材料的品种、规格、相对密度、导热系数、厚度以及构造节点的连接方法。

(2)外墙防水。外墙面防水变形缝、施工缝的形式和构造;防水层的基层处理;防水材料规格、厚度、施工方法、细部构造处理；保护层的材料、构造等。

二、施工检查记录

施工单位应根据现行规范要求对重要工序进行施工自检，并填写《施工检查记录》。

(一)需要进行施工检查的重要工序

1. 支护与桩基工程

(1)基坑开挖变形监测。在基坑开挖和支护结构使用期间，应以设计指标及要求依据进行过程监测。若设计无要求，应按现行规范规定对支护结构进行监测，并做变形监测记录。

(2)桩基施工。桩基施工应按规定做施工记录，检查内容包括孔位、孔径、孔深、桩体垂直度、桩顶标高、桩位偏差、桩顶完整性和接桩质量等。

桩基施工记录应由具有相应资质的专业施工单位负责提供。

2. 钢结构工程

(1)构件吊装。钢结构吊装应有《构件吊装记录》，吊装记录的内容应包括构件名称、安装位置、搁置与搭接长度、接头处理、固定方法、标高等。

(2)烘焙。焊接材料在使用前，应按规定进行烘焙，并有烘焙记录。

(3)钢结构安装施工。钢结构主要受力构件的安装应检查垂直度、侧向弯曲等安装偏差，并做施工记录。

钢结构的主体结构在形成空间刚度单元连接固定后，应检查整体垂直度和整体平面弯曲的安装偏差，并做施工记录。

钢网结构总拼及屋面工程完成后，应检查挠度值和其他安装偏差，并做施工记录。

钢结构安装施工记录应由具有相应资质的专用施工单位提供。

3. 幕墙工程

(1)幕墙注胶检查记录。幕墙注胶应做施工检查记录，检查内容包括宽度、厚度、连续性、均匀性、密实度和饱满度等。

(2)幕墙淋水检查记录。幕墙工程施工结束后，应在易渗漏部位进行淋水检查，并做淋水检查记录，填写《防水工程试水检查记录》。

幕墙工程施工记录应由具有相应资质的专业施工单位提供。

(二)资料要求

按照现行规范要求，规定表格样式的，按相应的表格样式填写，如果没有相应施工记录表格的，应填写《施工检查记录(通用)》。

《施工检查记录(通用)》填写样式见表2-30。

表2-30 施工检查记录(通用)(表C.5.2)

工程名称	××市第一中学教学楼	编 号	××××××
		检查日期	20××年×月×日
检查部位	①~⑩轴	检查项目	土方开挖

检查依据: 设计图纸、施工验收规范、施工组织设计等。

检查内容: 1. 开挖前检查定位放线、排水系统,合理安排土方运输车的行走路线及弃土场。 2. 施工过程中检查平面位置、水平标高、边坡坡度、压实度、排水、降低地下水位系统,并随时观察周围的环境变化。

检查结论: 满足设计文件及施工质量验收规范的要求。

复查结论: 复查人:_____ 复查日期:_____

签字栏	施工单位	××市第一建筑工程公司	专业技术负责人	专业质量员	专业工长
			×××	×××	×××

本表由施工单位填写,一式一份,施工单位保存一份。

三、交接检查记录

不同施工单位之间的工序衔接,应进行交接检查。例如,定位放线结束,测量单位与桩基专业承包单位之间做交接检查;桩基施工结束,桩基专业承包单位与施工总承包单位之间做交接检查。又如:土建工程的基础做好之后要安装设备,管道安装完毕需要油漆保温等,也需要做工序的交接检查。

移交单位、接收单位和见证单位共同对移交工程进行交接检查验收,形成《交接检查记录》,由三方签字确认,并存档。

如果工序交接发生在总包单位与分包单位或各分包单位之间,可以由监理单位做见证单位。如果工序交接发生在外部单位与施工单位之间,则由监理单位或建设单位做见证单位。

见证单位应根据实际检查情况,并汇总移交和接收单位意见形成见证单位意见。

《交接检查记录(通用)》填写样式见表2-31。

表2-31 交接检查记录(通用)(表C.5.3)

工程名称	××市第一中学教学楼	编 号	××××××
		检查日期	20××年×月×日
移交单位	××防水公司	见证单位	××市建设工程监理公司
交接部位	1~6层卫生间	接收单位	××市第一建筑工程公司

续表

交接内容：		
检查卫生间防水施工情况。		
检查结论：		
满足设计文件及施工质量验收规范的要求。		
复查结论(由接收单位填写)：		
同意移交，可进行下一步施工。		
复查人：×××　　　　　　　　　　　　　　　复查日期：20××年×月×日		
见证单位意见：		
移交单位及接收单位检查结果情况属实，该项工程正常移交。		
签字栏	移交单位	接收单位	见证单位
	×××	×××	×××
本表由交接双方共同填写，一式三份，移交单位、接收单位、见证单位各保存一份。		

四、工程定位测量记录

工程定位测量放线是指单位工程开工前，施工单位根据建设单位提供的测绘部门的放线成果、红线桩及场地控制网(或建筑物控制网)、设计总平面图及水准点，对工程进行的准确测量定位。

《工程定位测量记录》是指根据当地行政主管部门给定总图范围内的工程建筑物、构筑物的位置以及标高进行测量，以确保建筑物的位置、标高正确。

(一)工程定位测量的要求

(1)测绘部门根据建设工程规划许可证(附件)批准的建筑工程位置及标高依据，测定出建筑的红线桩。

(2)施工测量单位应依据测绘部门提供的放线成果、红线桩及场地控制网(或建筑物控制网)，测定建筑物位置、主控轴线及尺寸、建筑物±0.000绝对高程，并填写《工程定位测量记录》，报监理单位审核。

(3)工程定位测量完成后，应由建设单位报请具有相应资质的测绘部门验线。

(4)单位工程定位测量记录应在单位工程开工前完成，记录应依据本地区城市规划部门对工程定位的规定、批准手续及批准的总平面设计图进行。

(二)表格填写要求

1. 平面坐标依据

填写由设计给定的建筑物与周边相邻建(构)筑物的位置尺寸关系，或新旧建筑物的角点坐标数值。

2. 高程依据

填写由设计给定的高程控制水准点的标高。

3. 使用仪器

应填写测量时使用的仪器名称(水准仪、经纬仪)。

4. 仪器校验日期

应填写仪器的计量检测日期,确保仪器的试验在检测的有效日期内。

5. 定位抄测示意图

图的右上方标注出方向指示标志,一般情况下按"上北下南"标注。同时,标注高程测量依据点 BM 或某指定点距待测建筑物的纵、横向距离。如采用与相邻建筑物做工程定位时,应标注出待测建筑物与原有建筑物的纵、横向距离尺寸,一般均以边线-边线作为定位尺寸。待测建筑物轮廓线以粗实线表示,其他均以细实线表示。待测建筑物应标注两个方向的轴线及尺寸线。

6. 复测结果

应详细填写对定位测量的复测情况。

《工程定位测量记录》填写样式见表 2-32。

表2-32 工程定位测量记录(表C.5.4)

工程名称	××市第一中学教学楼	编号	××××××
		图纸编号	建施—01、建施—02
委托单位	/	施测日期	20××年×月×日
复测日期	20××年×月×日	平面坐标依据	A桩距原有车库15 m; B桩距路8 m
高程依据	设计指定水准点BM的绝对高程29.840 m	使用仪器	水准仪:DS$_3$;经纬仪:J$_2$
允许误差	±2 mm	仪器校验日期	20××年×月×日

定位抄测示意图:略

复测结果:
　　结构控制桩位置坐标与设计图一致,放样点平面坐标依据最大偏差2 mm,测量闭合差为5″,测量结果符合设计要求,测量误差在允许误差之内。

签字栏	施工单位	××市第一建筑工程公司	测量人员岗位证书号	××××	专业技术负责人	×××
	施工测量负责人	×××	复测人	×××	施测人	×××
	监理或建设单位	××市建设工程监理公司	专业工程师	×××		

本表由施工单位填写,一式四份,建设单位、监理单位、施工单位、城建档案馆各保存一份。

五、基槽验线记录

施工单位应根据工程技术人员的书面技术交底,由工程测量定位桩测放出基槽上口开挖线或护坡桩位置线。在开挖过程中，测量员必须对轴线、断面尺寸、高程、坡度、基槽下口线、人工清底厚度、槽底工作面宽度等进行实时监控。

基槽验线就是对基槽的尺寸进行复核，检验基坑尺寸是否符合图纸要求。

施工单位负责填写《基槽验线记录》，经相关人员签字后，报请监理验线。

基槽验线的主要内容有：

(1)基槽内建筑物定位桩与建筑物平面控制网的相对关系。

(2)基槽内建筑物定位桩的几何尺寸。

(3)工作面预留宽度尺寸。

(4)基槽边坡坡度或护坡桩垂直度。

(5)集水坑、电梯井坑等几何尺寸、相对位置。

(6)基槽内各部位平面高程。

《基槽验线记录》填写样式见表2-33。

表 2-33　基槽验线记录

工程名称	××市第一中学教学楼	编号	××××××
		日期	20××年×月×日

验线依据及内容：
1. 依据：定位控制桩；基础平面图；建筑工程施工测量规程；施工组织设计。
2. 内容：基底外轮廓线；外轮廓断面；垫层标高。

基槽平面简图：略

检查意见：
查验结果：
1. 基础外轮廓线：误差均在±3 mm 以内。
2. 垫层面标高：误差均在±5 mm 以内。
经核对，尺寸无误，符合设计及施工验收规范的要求。

签字栏	施工单位	××市第一建筑工程公司	专业技术负责人	专业质量员	施测人
			×××	×××	×××
	监理或建设单位	××市建设工程监理公司	专业工程师		×××

本表由施工单位填写，一式两份，监理单位、施工单位各保存一份。

六、楼层平面放线记录

楼层平面放线是指依据施工图纸，把楼层的轴线、门窗洞口的位置线、框架柱或剪力墙的边线及控制线等放在楼板上。

施工单位应将放线结果填入《楼层平面放线记录》，报监理单位验核，由专业监理工程师签字确认后，该记录存档。

《楼层平面放线记录》填写样式见表2-34。

表 2-34　楼层平面放线记录

工程名称	××市第一中学教学楼	编号	××××××
放线部位	一层	日期	20××年×月×日

放线依据及内容
　1. 依据：一层平面布置图。
　2. 内容：一层平面各部位尺寸

放线简图：略

检查意见：
　查验结果：
　1. 轴线：误差均在±10 mm 以内。
　2. 门窗位置线：误差均在±10 mm 以内。
　经核对，尺寸无误，符合设计及施工验收规范的要求。

签字栏	施工单位	××市第一建筑工程公司	专业技术负责人	专业质量员	施测人
			×××	×××	×××
	监理或建设单位	××市建设工程监理公司	专业工程师		×××

本表由施工单位填写，一式两份，监理单位、施工单位各保存一份。

七、楼层标高抄测记录

楼层标高抄测是指依据基准点水准高程，定出楼层的相对±0.000 线，然后加上对应的楼层高度，逐层上传，在每一楼层上测放出该楼层的 500 mm 线或 1 000 mm 线，一般采用结构线。

楼层标高抄测内容包括 500 mm 或 1 000 mm 水平控制线、楼地面、顶棚与门窗口标高等。

施工单位应将楼层标高的抄测结果形成《楼层标高抄测记录》，报监理单位审核，经签字认可后存档。

《楼层标高抄测记录》填写样式见表 2-35。

表 2-35　楼层标高抄测记录

工程名称	××市第一中学教学楼	编号	××××××
抄测部位	基槽	日期	20××年×月×日

抄测依据及内容
　1. 依据：结施-02、结施-03。
　2. 内容：基槽底面标高抄测。

放线简图：略

续表

签字栏	施工单位	××市第一建筑工程公司	专业技术负责人	专业质量员	施测人
			×××	×××	×××
	监理或建设单位	××市建设工程监理公司	专业工程师		×××

检查意见：
基槽底面标高所测值均在允许偏差±30 mm以内，符合设计及施工质量验收规范的要求。

本表由施工单位填写，一式两份，监理单位、施工单位各保存一份。

八、建筑物垂直度、标高观测记录

每层主体结构浇筑完成后，施工单位应对建筑物的垂直度、标高进行检测，根据测量数据限制每个自然层高的偏差，从而限制建筑物总高的偏差。

根据规范的要求，对建筑物垂直度、标高的偏差实行"双控"，既要有每层（即分段）的测量数据，还应有总高（即全程）的测量数据。

施工单位负责进行建筑物垂直度及标高的检测工作，形成《建筑物垂直度、标高观测记录》，经监理单位报验并存档。

《建筑物垂直度、标高观测记录》填写样式见表2-36。

表 2-36　建筑物垂直度、标高观测记录（表 C.5.5）

工程名称	××市第一中学教学楼	编号	××××××
施工阶段	三层主体	观测日期	20××年×月×日

观测说明（附观测示意图）：
用500 g 吊线坠进行垂直度检测，用50 m钢尺进行标高测量。
图略。

垂直度测量（全高）		标高测量（全高）	
观测部位	实测偏差/mm	观测部位	实测偏差/mm
1/A	偏南3	1/A	+25
1/E	偏北5	1/E	+21
…	…	…	…

结论：
垂直度最大偏差5 mm，标高最大偏差8 mm，测量结果均在允许偏差范围内，符合设计及施工验收规范要求。

签字栏	施工单位	××市第一建筑工程公司	专业技术负责人	专业质量员	施测人
			×××	×××	×××
	监理或建设单位	××市建设工程监理公司	专业工程师		×××

本表由施工单位填写，一式三份，建设单位、监理单位、施工单位各保存一份。

九、沉降观测记录

沉降观测是为防止地基不均匀沉降引起结构破坏，保证建筑物质量满足建筑使用年限的要求，使施工过程中及竣工后的建筑物沉降值得到有效控制，而对建筑物进行的观测。

对于设计和规范要求应进行沉降观测的工程项目，必须按设计和规范要求设置沉降观测点，并做沉降观测记录。沉降点的设置及观测方法应符合《工程测量规范》(GB 50026—2007)及有关设计的要求。

凡需进行沉降观测的工程，应由建设单位委托有资质的测量单位进行施工过程中及竣工后的沉降观测工作。

测量单位应按设计要求和规范规定，或监理单位批准的观测方案，设置沉降观测点，绘制沉降观测点布置图，定期进行沉降观测记录，并应附沉降观测点的沉降量与时间、荷载关系曲线图和沉降观测技术报告。

沉降观测记录可同时作为建筑物地基基础工程质量检查的依据，以考核地基变形特征，保证建筑物沉降量、沉降差、倾斜、局部倾斜值在允许范围之内。

1. 应做沉降观测的工程

属于下列情况之中一种的工程应进行沉降观测：
(1) 重要的工业与民用建筑；
(2) 高层建筑物和高耸构筑物；
(3) 湿陷性黄土地基上建筑物及构筑物；
(4) 对地基变形有特殊要求的建筑物；
(5) 地下水位较高处的建筑物、构筑物；
(6) 不允许沉降的特殊设备基础；
(7) 三类土地基上的较重要的建筑物及构筑物；
(8) 因地基变形或局部失稳使结构产生裂缝或损坏而需要研究处理的建筑物；
(9) 因施工、使用或科研要求进行沉降观测的建筑物；
(10) 其他需要做沉降观测的建筑物。

2. 沉降观测点的设置

进行沉降观测时，观测点的布置、测量精度要求及观测方法应依据《工程测量规范》(GB 50026—2007)有关规定执行，主要由设计单位确定，施工单位埋设。

在设置沉降观测点前，应在一个观测区内，先设置2～3个水准基点，其位置靠近观测对象，但要设在变形影响范围以外；水准基点距离建筑物、构筑物一般不宜小于25 m和大于100 m；水准基点要结实牢固、便于观测。

沉降观测点的设置应能全面反映建筑物地基变形特征，并结合岩土情况及建筑结构特点，布置在变形明显又有代表性的部位，可布置在下列部位：

(1) 建筑物的四角、大转角处及沿外墙每10～15 m或每隔2～3根柱基上；
(2) 高低层建筑、新旧建筑物、纵横墙等交接处的两侧；
(3) 建筑物裂缝和沉降缝两侧；基础埋深相差悬殊处；人工地基与天然地基接壤处；不同结构的分界处及填挖方分界处；
(4) 宽度大于等于15 m或小于15 m且地质复杂的建筑物，在承重柱或内墙上设观测点；
(5) 邻近堆置重物处、受震动有显著影响的部位；

(6)框架结构建筑物的每个或部分柱基上或沿纵、横轴线设点；

(7)筏形基础、箱形基础底板或邻近基础的结构部分之四周处及其中部位置；

(8)重型设备基础和动力设备基础的四角、基础形式或埋深改变处及地质条件变化处两侧；

(9)高耸建筑物沿周边在与基础轴线相交的对称位置上布点，点数不少于四个。

3. 沉降观测方法

观测方法应依据《工程测量规范》(GB 50026—2007)有关规定执行，宜采用闭合法，即根据水准点测量得出的每个观测点的高程，计算其逐次沉降量。

4. 观测时间及次数

观测时间及次数应符合设计要求，当设计无明确规定时，一般建筑物可在基础完成后开始观测；大型、高层建筑，可在基础垫层或基础底部完成后开始观测。具体次数及时间如下：

(1)施工期间，民用建筑每增加1~2层观测一次；电视塔、烟囱等构筑物每增加10~15 m应观测一次；工业建筑应在不同施工阶段(如回填基坑、安装构件、砌筑墙体、设备安装等)分别进行观测；整个施工期间的观测不应少于5次。

(2)在施工期间内，雨期和冬期过去后，应补充观测；如暂时停工，在停工及复工时各应加测一次；停工期间，可每隔二~三个月观测一次。

(3)基础混凝土浇筑、回填土及结构安装等增加较大荷载前后应进行观测。

(4)基础周围大量积水、挖方、降水及暴雨后应观测。

(5)地基出现不均匀沉降时，根据情况应增加观测次数。

(6)如果建筑物开始均匀沉降且连续三个月内平均沉降量不超过1 mm时，每三个月观测一次。

(7)连续两次每三个月平均沉降量不超过2 mm时，每六个月观测一次。

(8)交工前观测一次。

(9)交工后，建设单位应每六个月观测一次，第一年四次，第二年两次，第三年以后每年一次，直至基本稳定(1 mm/100 d)为止。

(10)对于砂土地基，观测期限至少2年；黏性土地基5年；软土地基10年。

5. 填表要求

(1)填写时，应注明观测日期，绘制出观测点布置图。

(2)"每次观测工程进度状态"栏，应填写观测期间的工程形象进度和天气状态。

(3)进行建筑物沉降观测，除填写观测记录外，还应绘制出各观测点的观测时间、沉降量曲线表，计算出被测建筑物平均沉降量。

(4)当观测点数较多时，《沉降观测记录》可向下接和换页使用；当观测次数较多时，本表可向右接长(即换页使用)。

《沉降观测记录》填写样式见表2-37。

表 2-37　沉降观测记录

工程名称		××市第一中学教学楼			编号		××××××
观测点平面布置图：略							
次数 点号　时间 　　测量值	一	二	三	四	五	六	七
	20××年 ×月×日	20××年 ×月×日	20××年 ×月×日	20××年 ×月×日	20××年 ×月×日	20××年 ×月×日	…
1　实测标高/m	2.134	2.13	2.127	2.125	2.124	2.123	…
本次沉降/mm	0	4	3	2	1	1	…
累计沉降/mm	0	4	7	9	10	11	…
2　实测标高/m	2.136	2.132	2.13	2.128	2.127	2.126	…
本次沉降/mm	0	4	2	2	1	1	…
累计沉降/mm	0	4	6	8	9	10	…
3　实测标高/m	2.137	2.133	2.130	2.127	2.126	2.125	…
本次沉降/mm	0	4	3	3	1	1	…
累计沉降/mm	0	4	7	10	11	12	…
4　实测标高/m	2.118	2.115	2.113	2.111	2.109	2.108	…
本次沉降/mm	0	3	2	2	2	1	…
累计沉降/mm	0	3	5	7	9	10	…
5　实测标高/m	…	…	…	…	…	…	…
本次沉降/mm	…	…	…	…	…	…	…
累计沉降/mm	…	…	…	…	…	…	…
每次观测工程进度状态	一层	二层	三层	四层	五层	六层	…
签字栏　测量单位	××××××××			测量技术负责人		测量人	计算人
				×××		×××	×××
监理或建设单位	××市建设工程监理公司			专业工程师			×××
本表由测量单位提供，施工单位整理，一式三份，建设单位、监理单位、施工单位各保存一份。							

十、基坑支护水平位移监测记录

在基坑开挖和支护结构使用期间，施工单位应按设计或规范规定对支护结构进行变形监测，并形成监测记录。

施工单位应在基坑开挖之前作出系统的监测方案，包括监测方法、精度要求、监测点布置、观测周期、工序管理、记录制度、信息反馈等。

在基坑开挖过程中特别注意监测支护体系变形情况、基坑外地面沉降或隆起变形、邻近建筑物动态，并定时测量及记录基坑支护的水平位移情况，填写《基坑支护水平位移监测记录》。

《基坑支护水平位移监测记录》可以参照《沉降观测记录》的表格样式，把表格里的"本次沉降""累计沉降"换成"本次位移""累计位移"。

《基坑支护水平位移监测记录》由施工单位负责测量、填写，报监理单位审查验收，经监理单位签字确认后存档。

十一、桩基、支护测量放线记录

施工单位应对桩基、基坑支护的测量放线结果形成文件,填写《桩基、支护测放线记录》,报监理单位审核,经专业监理工程师签字确认后存档。

建筑工程桩基础施工测量的主要任务有:一是把设计总图上的建筑物基础桩位,按设计和施工的要求,准确地测设到拟建区地面上,为桩基础工程施工提供标志,作为按图施工、指导施工的依据;二是进行桩基础施工监测;三是在桩基础施工完成后,为检验施工质量和为地面建筑工程施工提供桩基础资料,进行桩基础竣工测量。

基坑支护测量主要任务是保证支护结构位置的正确,并在施工过程中监测支护结构的变形。

《桩基、支护测量放线记录》填写样式见表 2-38。

表 2-38 桩基、支护测量放线记录

工程名称	××市第一中学教学楼		编号	××××××
放线部位	桩基		日期	20××年×月×日
放线依据及内容 　1. 依据:桩位布置图。 　2. 内容:轴线、桩基定位线。					
放线简图:略				
检查意见: 查验结果: 　1. 轴线:误差均在±10 mm 以内。 　2. 桩位线:误差均在±20 mm 以内。 经核对,尺寸无误,符合设计及施工验收规范的要求。				
签字栏	施工单位	××市第一建筑工程公司	专业技术负责人 ×××	专业质量员 ×××	施测人 ×××
	监理或建设单位	××市建设工程监理公司	专业工程师		×××

本表由施工单位填写,一式两份,监理单位、施工单位各保存一份。

十二、地基验槽记录

地基土是建筑物的基石,认真细致地进行地基验槽,及时发现并慎重处理好地基施工中出现的有关问题,是保证地基土符合设计要求的一项重要措施,同时,也可以丰富和提高工程地质勘察报告的准确程度。

1. 地基验槽的要求

(1)《地基验槽记录》的填写内容要齐全,签字盖章要齐全。

(2)地基需处理时，须有设计部门的处理方案；处理后应经过复验并注明复验意见。

(3)地基验槽除设计有规定外，均应提供地基钎探记录资料。

(4)地基验收必须在当地质量监督部门监督的情况下进行地基验槽，由建设、勘察、设计、施工、监理各方签证。

(5)基底持力层、地基允许承载力不满足设计要求的，为地基验槽不合格。

2. 地基验槽的范围

所有建筑物及构筑物均应进行地基验槽，当遇到下列情况之一时，应进行专门的施工勘察。

(1)工程地质条件复杂，详勘阶段难以查清时。

(2)开挖基槽发现土质结构与地质勘察报告不符合时。

(3)施工中边坡失稳，需查明原因，进行观察处理时。

(4)施工中地基土受扰动，需查明其性状及工程性质时。

(5)为地基处理需进一步提供勘察资料时。

(6)建筑物有特殊要求，或在施工时出现新的岩土工程地质问题时。

3. 验槽内容

(1)观察土质情况、槽壁的走向、分布、基土的特征；地基土的颜色是否均匀一致，是否为老土；表层土的坚硬程度。

(2)地基土质是否与地质勘察报告记载相符，是否已挖到原土层，有否扰动。

(3)是否有局部土质坚硬或松软及含水量异常现象，是否需下挖或处理。

(4)基槽实际开挖尺寸、标高、排水、护壁、不良基土(流砂、橡皮土)处理情况。

(5)遇有坟、井、坑、塘、树根、旧有电缆、管道、房屋基础等地下障碍物的数量、位置及其处理情况。

(6)当必须进行基槽土质处理时，应将处理结果认证后如实填写在记录中。

《地基验槽记录》填写样式见表 2-39。

表 2-39 地基验槽记录(表 C.5.6)

工程名称	××市第一中学教学楼	编号	×××××××
验槽部位	①～⑩轴	验槽日期	20××年×月×日

依据：施工图号　　结施—03

　　　设计变更/洽商/技术核定编号　　×××　　及有关规范、规程。

验槽内容：
1. 基槽开挖至勘探报告第　4　层，持力层为　4　层。
2. 土质情况：　三类土，原状土，符合地质勘察报告的要求。
3. 基坑位置、平面尺寸：满足设计文件及施工质量验收规范要求。
4. 基底绝对高程和相对标高：绝对高程为+39.25 m，相对标高为-1.650 m。

续表

检查结论： ☐无异常，可进行下道工序　　☐需要地基处理				
签字公章栏 施工单位	勘察单位	设计单位	监理单位	建设单位

本表由施工单位填写，一式六份，建设单位、监理单位、勘察单位、设计单位、施工单位、城建档案馆各保存一份。

十三、地基钎探记录

基坑挖到基底设计标高后，应进行地基钎探，并形成《地基钎探记录》，上报监理单位审核，经专业监理工程师签字认可后存档。

地基钎探是指将标志刻度的标准直径钢钎，采用机械或人工的方式，使用标定重量的击锤，垂直击打进入地基土层，根据钢钎进入待探测地基土层所需的击锤数，探测土层内隐蔽构造情况或粗略估算土层的容许承载力。

1. 钎探要求

(1)基土已挖至设计基坑底标高，表面应平整，轴线及坑宽符合设计图纸要求。

(2)根据设计图纸绘制钎探孔位平面布置图。

(3)要求钎探前，将所有轴线及基础的定位尺寸线放出，放出后再进行钎孔布置放线。

(4)对于筏板基础要全部钎探，其他无基础部位无须钎探。

(5)钎探必须在基土干燥的情况下进行，雨后不得钎探。

2. 资料要求

(1)按钎探孔的顺序编号，将锤击数填入《地基钎探记录》内。

(2)如打钎进行不下去时，应请示有关负责人，适当移位打钎，不得不打钎而任意填写锤击数。

(3)记录和平面布置图的整理：在记录表上用有色铅笔或符号将不同的锤击数孔位分别开来。

(4)在钎孔平面布置图上，应注明过硬或过软孔号的位置，以便设计勘察人员进行分析处理。

《地基钎探记录》填写样式见表2-40。

表2-40　地基钎探记录

工程名称	××市第一中学教学楼		编号		××××××			
			钎探日期		20××年×月×日			
自由落距	500 mm		钎径	25 mm	锤重		10 kg	
锤击数 探点编号	钎探深度/m							
	0～0.3	0.3～0.6	0.6～0.9	0.9～1.2	1.2～1.5	1.5～1.8	1.8～2.1	备注
1	××	××	××	××	××	××	××	

· 67 ·

续表

2	××	××	××	××	××	××	××	
3	××	××	××	××	××	××	××	
…	…	…	…	…	…	…	…	

<table>
<tr><td colspan="4">钎探点布置图(也可另附图)
略</td><td colspan="4">结论：
符合设计文件及施工质量验收规范的规定</td></tr>
<tr><td rowspan="2">签字栏</td><td>施工单位</td><td colspan="2">××市第一建筑工程公司</td><td>专业技术负责人</td><td>专业质量员</td><td colspan="2">施测人</td></tr>
<tr><td colspan="3">×××</td><td>×××</td><td>×××</td><td colspan="2">×××</td></tr>
<tr><td>监理或建设单位</td><td colspan="3">××市建设工程监理公司</td><td>专业工程师</td><td colspan="3">×××</td></tr>
</table>

本表由施工单位填写，一式四份，建设单位、监理单位、施工单位、城建档案馆各保存一份。

十四、混凝土浇灌申请书

正式浇灌混凝土前，施工单位应检查以下各项准备工作，当准备工作全部完成后，向监理单位申请浇灌混凝土，填写《混凝土浇灌申请书》，经监理单位审批签字后，方可进行混凝土的浇灌。混凝土浇灌条件如下：

(1)钢筋是否已做隐检。
(2)模板是否已验收。
(3)水电预埋是否已做隐检。
(4)劳动力是否已安排好。
(5)施工设备、施工机具是否已准备好。
(6)其他需要准备的工作是否已完成。

《混凝土浇灌申请书》填写样式见表 2-41。

表 2-41 混凝土浇灌申请书

工程名称	××市第一中学教学楼	编号	××××××
		申请浇灌日期	20××年×月×日×时
申请浇灌部位	基础圈梁	申请方量	30 m³
技术要求	/	强度等级	C25
搅拌方式 (搅拌站名称)	商品混凝土	申请人	×××

依据：施工图号　结施—05
　　　设计变更/洽商/技术核定编号　×××　及有关规范、规程。

施工准备检查			专业工长	备注
1. 隐蔽检查情况：	□已检	□未完成	×××	
2. 预检情况：	□已检	□未完成	×××	
3. 水电预埋情况：	□已检	□未完成	×××	
4. 施工组织情况：	□已检	□未完成	×××	

续表

施工准备检查			专业工长	备注
5. 机械设备组织情况：	□已检	□未完成	×××	
6. 保温及有关准备：	□已检	□未完成	×××	
检查意见： 经检查施工准备情况，满足施工要求。 施 工 单 位：××市第一建筑工程公司 项目技术负责人：×××　　　　　　　　　　　　　　　日期：20××年×月×日				
审批意见： 经检查施工准备情况，满足施工要求。 □同意浇筑　　□整改后自行浇筑　　□不同意，整改后重新申请 监 理 单 位：××市建设工程监理公司 专业监理工程师：×××　　　　　　　　　　　　　　　日期：20××年×月×日				
本表由施工单位填写，一式两份，监理单位、施工单位各保存一份。				

十五、预拌混凝土运输单

预拌混凝土供应单位应随车向施工单位提供《预拌混凝土运输单》，包括工程名称、使用部位、供应方量、配合比、坍落度、出站时间、到场时间和施工单位测定的现场实测坍落度等。

《预拌混凝土运输单》填写样式见表2-42、表2-43。

表2-42　预拌混凝土运输单(正本)

工程名称	××市第一中学教学楼		编号	××××××
合同编号	×××		任务单号	×××
供应单位	×××商品混凝土供应站		生产日期	20××年×月×日
委托单位	××市第一建筑工程公司		施工部位	一层楼板
混凝土输送方式	混凝土运输车	混凝土强度等级	C25	抗渗等级	/
其他技术要求	/	本车供应方量/m³	×	累计方量/m³	××
要求坍落度/mm	80	实测坍落度/mm	85	配合比编号	×××××
运距/km	3	车号	××××	车次	2
出站时间	10时20分	到场时间	10时35分	司机	×××
签字栏	现场验收人		混凝土供应单位质量员	混凝土供应单位签发人
	×××		×××	×××
本表正本由供应单位保存。				

· 69 ·

表 2-43 预拌混凝土运输单(副本)

工程名称	××市第一中学教学楼		编号	××××××
合同编号	×××		任务单号	×××
供应单位	×××商品混凝土供应站		生产日期	20××年×月×日
委托单位	××市第一建筑工程公司		施工部位	一层楼板
混凝土输送方式	混凝土运输车	混凝土强度等级	C25	抗渗等级	/
其他技术要求	/	本车供应方量/m³	×	累计方量/m³	××
要求坍落度/mm	80	实测坍落度/mm	85	配合比编号	×××××
运距/km	3	车号	××××	车次	2
出站时间	10时20分	到场时间	10时35分	司机	×××
签字栏	现场验收人		混凝土供应单位质量员		混凝土供应单位签发人
	×××		×××		×××

本表副本由施工单位保存。

十六、混凝土开盘鉴定

首次使用的自拌混凝土，使用前应对混凝土的配合比进行开盘鉴定，以检验其工作性能是否能满足设计配合比的需要。自拌混凝土每次开盘浇筑前都应进行开盘鉴定。

对于预拌混凝土，首次使用的混凝土配合比由混凝土供应单位进行开盘鉴定。

混凝土开盘鉴定是根据混凝土的强度等级、配合比、混凝土一次浇筑量及浇筑部位确定的。开盘鉴定的内容包括：前期配合比的确定，含水的调整，计量误差的调整，根据实际要求对基准配合比进行的微调，检测混凝土的坍落度，目测和易性等。

施工单位负责现场自拌混凝土的开盘鉴定工作，并形成《混凝土开盘鉴定》记录，报监理单位审核，由专业监理工程师签字后存档。

《混凝土开盘鉴定》填写样式见表 2-44。

表 2-44 混凝土开盘鉴定

工程名称		××市第一中学教学楼		编号		××××××
				日期		20××年×月×日
试配单位		××试验室		配合比编号		××××××
部位		基础梁		搅拌设备		JZC350
强度等级	C25	抗渗等级	/	砂率	0.33%	水胶比	0.54
材料名称	水泥	砂	石	水	外加剂	掺合料	其他
每 m³ 用量/kg	335	636	1 299	180	/	/	/
调整后每盘用料/kg	砂含水率：3% 石含水率：2%						
	50	97.85	197.88	20.27	/	/	/
鉴定结果	鉴定项目	混凝土拌合物坍落度		混凝土试块抗压强度		混凝土试块抗渗强度	原材料与配合比报告是否相符
	实测	70 mm		23.7 MPa		/	相符
	鉴定意见	满足要求		满足要求		/	相符

续表

备注：				
参与鉴定人员签名	监理单位	×××　×××		
	施工单位	×××　×××	搅拌机组负责人	×××

本表由施工单位填写，一式两份，监理单位、施工单位各保存一份。

十七、混凝土拆模申请单

施工单位在拆除现浇混凝土结构板、梁、悬臂构件的底模或柱、墙的侧模前，应填写《混凝土拆模申请单》，报监理单位审批，通过后方可拆模。

拆模应依据留置的混凝土试块抗压强度报告或回弹报告中的实测混凝土强度，来确定拆模时达到的强度。

底模及其支架拆除时，混凝土强度应符合设计要求，设计无要求时应按施工质量验收规范的规定进行；侧模拆除时的混凝土强度应保证其表面及棱角不受损伤。

对后张法预应力混凝土构件，侧模宜在预应力张拉前拆除；底模支架的拆除应按施工方案执行，当无具体要求时，不应在结构构件建立预应力前拆除。

后浇带模板的拆除应按施工方案执行。

《混凝土拆模申请单》填写样式见表2-45。

表2-45　混凝土拆模申请单

工程名称	××市第一中学教学楼		编号	××××××
			日期	20××年×月×日
拆模部位	设计混凝土强度	试压混凝土强度	浇筑混凝土日期	混凝土试块抗压强度报告编号
4层柱	C30	C30	20××年×月×日	××××××

致　　××市建设工程监理公司　　（监理单位）

　　我方申请　　4层框架柱　　的模板拆除，请予以审查。

　　附：
　　　1. 混凝土试块抗压强度报告。
　　　2. 拆模施工方案。

施工总承包单位（章）：××市第一建筑工程公司　　　　　　项目经理：×××

专业监理工程师审查意见：
　　同意拆模。
　　　　　　　　　　　　　　　　　　　　　　专业监理工程师：×××
　　　　　　　　　　　　　　　　　　　　　　日　　　期：20××年×月×日

本表由施工单位填写，一式两份，监理单位、施工单位各保存一份。

十八、混凝土预拌、养护测温记录

当室外平均气温连续 5 日稳定低于 +5 ℃或当日最低气温低于 0 ℃时，混凝土工程应按冬期施工措施进行施工。混凝土冬期施工时，应进行混凝土预拌测温和养护测温，并形成相应的测温记录。

《混凝土预拌测温记录》是对混凝土搅拌、浇筑期间的测温记录，应包括大气温度、搅拌机棚内温度、原材料温度、混凝土出罐温度、混凝土入模温度等。

《混凝土养护测温记录》是对混凝土养护期间的测温记录，应包括大气温度、各测温孔的实测温度、同一时间测得的各测温孔的平均温度和间隔时间等，并应绘制测温孔布置图，包括测温点的部位、深度等。

《混凝土预拌测温记录》及《混凝土养护测温记录》由施工单位负责填写，各相关人员签字后存档。

1. 混凝土拌制期间测温的要求

(1)混凝土拌制期间，应控制混凝土的出罐温度不低于 +10 ℃，入模温度不低于 +5 ℃。

(2)混凝土出罐温度、入模温度每间隔 1 h 测量 1 次，且每一工作台班不应少于 4 次。

(3)混凝土出罐温度应在混凝土出料口处测定，如果是泵送混凝土，应在混凝土输送泵入口处测定；入模温度应在将混凝土倒入模板内时测定，如果是泵送混凝土，应在混凝土输送泵出口处测定。

(4)室外环境温度(即大气温度)每昼夜测量 4 次，测温时间分别为 2：00、8：00、14：00、20：00。

2. 混凝土养护期间测温的要求

(1)混凝土入模后 1 h 第一次测温，在强度未达到混凝土受冻临界强度(4.0 MPa)以前，每隔 2 h 测量 1 次，达到混凝土受冻临界强度后，每 6 h 测量 1 次，应连续测温 48 h，或混凝土温度降至 0 ℃。

(2)混凝土的测温孔应预先留设并编号，其位置应在平面图中标出，记录表中的编号要与平面图编号对应。测温孔可采用预埋内径 12 mm 金属套管制作，留孔时要有专人看管，以防施工踩(压)实测温孔。

(3)测温孔的位置应选择在温度变化大、容易散失热量及易于遭受冻结的部位，西北部或前阴的地方应多设置。

(4)测温孔的口不宜迎风设置且应有临时封闭。

3. 混凝土养护期间测温方法

混凝土养护测温应按测温孔编号顺序进行，测温时，温度计插入测温孔后，堵塞住孔口，留置在孔内 3~5 min，然后迅速从孔中取出，使温度计与视线成水平，仔细读数，并记入测温记录表，同时将测温孔用保温材料按原样覆盖好。

4. 填表要求

(1)《混凝土预拌测温记录》中"备注"栏应填写"现场搅拌"或"预拌混凝土"。

(2)《混凝土养护测温记录》中"成熟度"应根据《建筑工程冬期施工规程》(JGJ/T 104—

2011)的规定来填写,采用公式进行计算。

(3)表格中各温度值需标注正负号。

《混凝土预拌测温记录》《混凝土养护测温记录》填写样式分别见表2-46、表2-47。

表2-46 混凝土预拌测温记录

工程名称		××市第一中学教学楼				编　　号		××××××
						测温日期		20××年×月×日
浇筑部位		一层楼板	搅拌机编号		×××	测温方式		温度计
测温项目		各测点温度/℃				平均温度/℃	间隔时间/h	备注
		1	2	3	4			
1	室外环境	×	×	×	×	×	×	现场搅拌
2	搅拌机棚	×	×	×	×	×	×	现场搅拌
3	水	×	×	×	×	×	×	现场搅拌
4	水泥	×	×	×	×	×	×	现场搅拌
5	砂	×	×	×	×	×	×	现场搅拌
6	石	×	×	×	×	×	×	现场搅拌
7	外加剂溶液	×	×	×	×	×	×	现场搅拌
8	混凝土出罐	×	×	×	×	×	×	现场搅拌
9	混凝土入模	×	×	×	×	×	×	现场搅拌
签字栏		专业技术负责人				专业质量员		测温人
		×××				×××		×××

本表由施工单位填写,一式一份,施工单位自行存档。

表2-47 混凝土养护测温记录

工程名称			××市第一中学教学楼						编　号		××××××	
									测温日期		20××年×月×日	
测温部位			顶层楼板	养护方法		同条件养护			测温方式		温度计	
测温时间	大气温度	浇筑温度	各测点内部温度/℃ 混凝土表面温度/℃						平均温度 /℃	间隔时间 /h	成熟度/m	
			测孔编号								本次	累计
			1	2	3	4	5	6	7	8		
8时	×	×	×	×	×	×	/	/	/	/	×	×	×	×
9时	×	×	×	×	×	×	/	/	/	/	×	×	×	×
11时	×	×	×	×	×	×	/	/	/	/	×	×	×	×
…	…	…	…	…	…	…	…	…	…	…	…	…
测温孔布置简图			略									
签字栏			专业技术负责人						专业质量员		测温人	
			×××						×××		×××	

本表由施工单位填写,一式一份,施工单位自行存档。

十九、大体积混凝土养护测温记录

当混凝土一次浇筑量大于 1 000 m³ 或混凝土结构实体最小尺寸大于等于 2 m，且混凝土浇筑需研究温度控制措施，此时，混凝土的浇筑和养护应按大体积混凝土进行施工。

施工单位应编制《大体积混凝土施工方案》。

大体积混凝土在养护期间应进行连续测温，并填写《大体积混凝土养护测温记录》。

《大体积混凝土养护测温记录》的内容应包括混凝土入模时的大气温度、各测温孔温度、内外温差和裂缝情况，并附测温点布置图，包括测温点的位置、深度等。

1. 温度控制指标

内外温差应小于 25 ℃；降温速度小于 1~2.0 ℃/d；揭开保温层时的温差应小于 15 ℃。

2. 监测周期与频率

混凝土浇筑初凝前：每 0.5 h 测一次；混凝土浇筑结束后 12 h：每 2 h 测一次；混凝土浇筑结束后 24 h：每 4 h 测一次；混凝土浇筑结束后 72 h：每 8 h 测一次；混凝土浇筑结束后 15 d：每 24 h 测一次；当内外温差小于 15 ℃时，停止测温。

《大体积混凝土测温记录》填写样式见表 2-48。

表 2-48 大体积混凝土测温记录

工程名称	××市第一中学教学楼				编　号		××××××		
测温部位	大气温度		养护方法		测温日期		20××年×月×日		
基础底板	25 ℃		蓄热养护		测温方式		温度计		
孔号	上	中	下	最高温差	孔号	上	中	下	最高温差
1	×	×	×	×	3	×	×	×	×
2	×	×	×	×	4	×	×	×	×
…	…	…	…	…	…	…	…	…	…
测温孔布置简图	略								
签字栏	专业技术负责人			专业质量员			测温人		
	×××			×××			×××		

本表由施工单位填写，一式一份，施工单位自行存档。

二十、大型构件吊装记录

大型构件吊装是指应用起重机械、吊具（吊钩、吊索、吊环、横吊架等）或人力将构件直接安装在图纸规定的位置。

大型构件的吊装，均应按楼层、施工段等划分的检验批。

施工单位应填写《大型构件吊装记录》，报监理单位审核，经专业监理工程师签字认可后存档。

1. 资料要求

(1)工程所用的吊装构件,必须有吊装施工记录。

(2)《大型构件吊装记录》应分层填写,数量及子项填写要清楚、齐全、准确、真实,签字要齐全。

2. 填写内容

(1)构件的规格、型号、数量是否与施工图相符,有无设计变更或构件代换,注明构件出厂合格证件编号或钢结构探伤记录编号、照片等。

(2)构件的附件(连接件)、预埋件、垫块、预留抗震拉结钢筋、预留孔洞是否符合设计要求,钢、木结构的防腐、防火处理是否完备。

(3)构件安装状态,如构件位置、坐标、标高、支座搭入长度、连接构造等是否符合设计要求和施工规范的规定,对较大或繁杂的设计变更应以图示说明,也可拍照或录像存档。

(4)构件安装后的状态,如轴线偏移、标高差异、垂直或平整度等;空心板、大板等拔缝、坐浆、灌浆、堵板孔等情况状态,以及质量问题的处理情况。

《大型构件吊装记录》填写样式见表2-49。

表2-49 大型构件吊装记录

工程名称	××市第一中学教学楼		编号	××××××
			日期	20××年×月×日
吊装部位	顶层①~⑩轴			
序号	构件名称	编号	节点处理	固定方式	标高偏差	搭接长度
1	钢屋架	GWJ—001	符合要求	焊接	+3 mm	500 mm

需要说明的事项(包括简图): 钢屋架的安装符合设计文件及施工质量验收规范的要求。			
签字栏	施工单位	××市第一建筑工程公司	专业技术负责人	专业质量员	专业工长
			×××	×××	×××
	监理或建设单位	××市建设工程监理公司	专业工程师	×××	

本表由施工单位填写,一式四份,建设单位、监理单位、施工单位、城建档案馆各保存一份。

二十一、焊接材料烘焙记录

按照《钢结构焊接规范》(GB 50661—2011)中的规定,焊条、熔嘴、焊剂和药芯焊丝在使用前,必须按产品使用说明书及有关工艺文件的规定进行烘干,受潮的焊条不应使用。

对于低氢型焊条,烘干温度应为30 ℃~43 ℃,保温时间应为1.0~2 h,烘干后应缓冷放置于温度不低于120 ℃的保温箱中存放、待用，使用时应放置于保温筒中。

烘干后的低氢型焊条在大气中放置时间超过4 h应重新烘干，重复烘干次数不宜超过2次。

对于酸性焊条，在焊接规范中没有明确规定。一般对于未受潮的酸性焊条可以不烘焙，但现场施工条件有限，焊条存放容易受潮，受潮的酸性焊条应进行烘干，烘干温度为150 ℃左右，烘干时间为1.5～2 h。

含有纤维素型焊条的烘干温度应控制在100 ℃～120 ℃。

施工单位负责填写《焊接材料烘焙记录》，经相关人员签字后存档。

《焊接材料烘焙记录》填写样式见表2-50。

表2-50 焊接材料烘焙记录

工程名称	××市第一中学教学楼		编号		××××××	
			烘焙日期		20××年×月×日	
焊材牌号及规格	HJ431		生产厂家		××××××××	
钢材牌号	QZ45		烘焙方法		烘干箱	
序号	施焊部位	烘焙数量/kg	烘焙要求		降至恒温/℃	保温时间/h
			烘干温度/℃	烘干时间/h 实际烘焙 开始时间 结束时间		
1	钢柱	100	260	3　　6:00　　9:00	110	1
签字栏	专业技术负责人 ×××		专业工人 ×××		烘焙人 ×××	

本表由施工单位填写，一式一份，施工单位自行存档。

二十二、地下工程防水效果检查记录

地下防水工程应按设计规定的防水等级，制定防水施工技术方案，进行防水施工及质量控制。防水施工完成后，应进行防水效果检查，以确保防水工程的安全及使用功能。

地下防水工程验收时应检查裂缝、渗漏部位及大小、渗漏情况、处理意见等，并应制作《背水内表面结构工程展开图》。

施工单位应填写《地下工程防水效果检查记录》，报监理单位审核，经专业监理工程师签字认可后，与《背水内表面结构工程展开图》一并存档。

1. 渗漏水的调查点

(1)房屋建筑地下室只调查围护结构内墙及底板。

(2)全埋设于地下的结构(地下商场、地铁车站、军事地下库等)，除调查围护结构内墙和底板外，背水的顶板(拱顶)是重点调查目标。

2. 详细标示内容

施工单位必须在《背水内表面结构工程展开图》上详细标示以下内容：

(1)在工程自检时发现的裂缝，标明位置、宽度、长度和渗漏水现象。

(2)经修补、堵漏的渗漏水部位。

(3)防水等级标准允许的渗漏水现象的位置。

《地下工程防水效果检查记录》填写样式见表2-51。

表2-51 地下工程防水效果检查记录(表C.5.7)

工程名称	××市第一中学教学楼		编号	××××××
检查部位	地下室外墙		检查日期	20××年×月×日
检查方法及内容: 依据《地下防水工程质量验收规范》(GB 50208—2011)及施工方案、渗漏水水量调查与量测方法执行规范,内容包括裂缝、渗漏部位、大小、渗漏情况、处理意见等。 方法:用手触摸混凝土墙面;用吸墨纸(报纸)贴附背水墙面。					
检查结论: 经检查,地下室外墙不存在渗漏水现象,施工工艺及观感质量合格,符合设计文件及施工质量验收规范的要求。					
复查结论:					
复查人:				复查日期:	
签字栏	施工单位	××市第一建筑工程公司	专业技术负责人	专业质量员	专业工长
			×××	×××	×××
	监理或建设单位	××市建设工程监理公司	专业工程师	×××	
本表由施工单位填写,一式三份,建设单位、监理单位、施工单位各保存一份。					

二十三、防水工程试水检查记录

屋面工程完工后,应对细部构造(屋面天沟、檐沟、泛水、水落口、变形缝、伸出屋面管道等)、接缝处和保护层进行雨期观察或淋水、蓄水检查。

凡有防水要求的房间应有防水层及装修后的蓄水检查记录。检查内容包括蓄水方式、蓄水时间、蓄水深度、水落口及边缘的封堵情况和有无渗漏现象。

施工单位负责填写《防水工程试水检查记录》,报送监理单位审核,经专业监理工程师签字认可后存档。

1. 检验方法

对楼面、地面可进行蓄水检验,蓄水时间为 24 h,蓄水深度为 20～30 mm;对屋面可进行淋水检验或蓄水检验。淋水检验有两种方法,一是人工淋水,持续 2 h;二是自然淋水,连续降雨 3 h 以上。对屋面也可进行蓄水检验,蓄水时间为 24 h,蓄水深度为 20～30 mm。

2. 检验结果

(1)卷材防水层屋面、涂膜防水层屋面、细石混凝土防水层屋面不得有渗漏或积水现象。

（2）瓦屋面、油毡瓦屋面泛水做法应符合设计要求，屋面要顺直整齐、结合严密、无渗漏。

（3）金属板材屋面板材的连接和密封处理必须符合设计要求，不得有渗漏现象。

（4）蓄水屋面、种植屋面防水层施工必须符合设计要求，不得有渗漏现象。

（5）楼面、地面工程的立管、套管、地漏处严禁渗漏，坡向应正确，无积水。

（6）防水隔离层严禁渗漏，坡向应正确、排水通畅。

《防水工程试水检查记录》填写样式见表2-52。

表2-52 防水工程试水检查记录（表C.5.8）

工程名称	××市第一中学教学楼		编号	××××××
检查部位	屋面		检查日期	20××年×月×日
检查方式	□第一次蓄水　　□第二次蓄水		蓄水时间	从20××年7月18日8时至20××年7月19日8时
	□淋水　　□雨期观察			
检查方法及内容： 　　检查方法：采用蓄水检验，蓄水时间24 h，蓄水深度30 mm。 　　检查内容：落水管处、泛水处有无渗漏。			
检查结论： 　　无渗漏点，满足施工质量验收规范要求。			
复查结论：			
复查人：			复查日期：	
签字栏	施工单位	××市第一建筑工程公司	专业技术负责人　×××　专业质量员　×××　专业工长　×××		
	监理或建设单位	××市建设工程监理公司	专业工程师　×××		
本表由施工单位填写，一式三份，建设单位、监理单位、施工单位各保存一份。			

二十四、通风道、烟道、垃圾道检查记录

因涉及使用功能及安全，应对建筑物中所有通风道、烟道进行安装、通（抽）风、漏风、串风试验，对垃圾道进行畅通情况检查，要求全数检验。

施工单位负责对通风道、烟道、垃圾道的检查，并填写《通风道、烟道、垃圾道检查记录》，报监理单位审核，经专业监理工程师签字认可后存档。

《通风道、烟道、垃圾道检查记录》填写样式见表2-53。

表 2-53 通风道、烟道、垃圾道检查记录(表 C.5.9)

工程名称	××市第一中学教学楼		编 号	××××××		
^^	^^	^^	检查日期	20××年×月×日		
检查部位和检查结果						检查人 / 核查人
检查部位	主烟(风)道		副烟(风)道		垃圾道	检查人	核查人
^^	烟道	风道	烟道	风道	^^	^^	^^
一层	合格	合格	合格	合格	合格	×××	×××
…	…	…	…	…	…	…	…
签字栏	施工单位			××市第一建筑工程公司			
^^	专业技术负责人			专业质量员		专业工长	
^^	×××			×××		×××	

本表由施工单位填写，一式三份，建设单位、监理单位、施工单位各留存一份。

二十五、预应力筋张拉记录

对后张法施工的预应力混凝土工程，施工单位应编制预应力混凝土施工方案，在混凝土构件强度达到设计要求后，向监理工程师书面申请进行张拉。

后张法预应力张拉施工实行见证管理，应填写《预应力筋张拉记录》。《预应力筋张拉记录》的内容包括施工部位、预应力筋规格、平面示意图、张拉程序、应力记录、伸长量等。

对预应力筋施加预应力之前，应对构件进行检验，外观和尺寸应符合质量标准要求。张拉时，构件的混凝土强度应符合设计要求，设计未规定时，不应低于设计强度等级值的 75%。

应对所有的预应力筋的张拉实测值进行记录，得出预应力筋的实际张拉伸长值，与理论伸长值进行校核，允许误差为±6%，即为合格。

《预应力筋张拉记录》填写样式见表 2-54、表 2-55。

表 2-54 预应力筋张拉记录(一)

工程名称	××市第一中学教学楼	编号	××××××
施工部位	屋架	张拉日期	20××年×月×日
预应力筋规格	φ25	抗拉强度	1 570 kN/m³

预应力张拉程序及平面示意图：
　　采用一次张拉。
　　图略。

□有　　□无附页

续表

张拉端锚具类型	JM 锚具	固定端锚具类型	JM 锚具
设计控制应力	305 kN	实际张拉力	308 kN
		压力表读数	20.1；20.3
千斤顶编号	1#	压力表编号	498
	2#		457
混凝土设计强度	C50	张拉时混凝土实际强度	75 MPa

预应力筋计算伸长值：

$$\Delta L = \frac{F_p L}{A_p E_s} = \frac{308 \times 27\,400}{15 \times 19.63 \times 200} = 143 \text{(mm)}$$

预应力筋伸长值范围：

136～157 mm

签字栏	施工单位	××市第一建筑工程公司		
	项目专业技术负责人	专业质量员		记录人
	×××	×××		×××

本表由施工单位填写，一式四份，建设单位、监理单位、施工单位、城建档案馆各保存一份。

表 2-55 预应力筋张拉记录（二）

工程名称		××市第一中学教学楼		编　号		××××××	
				张拉日期		20××年×月×日	
张拉顺序编号	计算值/mm	预应力筋张拉伸长实测值/mm					备注
		一端张拉			另一端张拉		总伸长值/mm
		原长值 L_1	实长值 L_2	伸长值 ΔL	原长值 L_1	实长值 L_2	伸长值 ΔL		
1	143	××	××	××	××	××	××	140	
2	…	…	…	…	…	…	…	……	

□有□无见证	见证单位	××市建设工程监理公司	见证人	×××
签字栏	施工单位	××市第一建筑工程公司		
	项目专业技术负责人	专业质量员		记录人
	×××	×××		×××

本表由施工单位填写，一式四份，建设单位、监理单位、施工单位、城建档案馆各保存一份。

二十六、有粘结预应力结构灌浆记录

后张法有粘结预应力筋张拉后应立即灌浆,并做《有粘结预应力结构灌浆记录》。

《有粘结预应力结构灌浆记录》内容应包括灌浆孔状况、水泥浆配合比状况、灌浆压力、灌浆量,并有灌浆点简图和编号等。

施工单位负责填写《有粘结预应力结构灌浆记录》,报监理单位审核,经监理单位认可后存档。

《有粘结预应力结构灌浆记录》填写样式见表 2-56。

表 2-56 有粘结预应力结构灌浆记录

工程名称	××市第一中学教学楼			编号		××××××
施工部位	预应力梁			日期		20××年×月×日
灌浆配合比	水泥:水:外加剂=1:0.38:0.02			灌浆要求压力值		0.50~0.60
水泥品种	P.O 42.5	进场日期	20××年×月×日	复试单编号		××××××
灌浆点简图与编号: 略						
灌浆点编号	灌浆压力值/MPa	灌浆量/L		灌浆点编号	灌浆压力值/MPa	灌浆量/L
YKL1-1	0.56	254.0		YKL1-2	0.55	220.0
…	…	…		…	…	…
水泥浆抗压强度/MPa			详见水泥浆试块强度报告单			
备注						
签字栏	施工单位			××市第一建筑工程公司		
	项目专业技术负责人			专业质量员		记录人
	×××			×××		×××
本表由施工单位填写,一式四份,建设单位、监理单位、施工单位、城建档案馆各保存一份。						

二十七、钢结构施工记录

钢结构专业承包单位应针对钢结构的施工内容,填写相应的施工记录,上报施工总承包单位,并由监理单位审核,经各相关人员签字认可后,钢结构施工记录存档备查。

钢结构施工记录包括《大型构件吊装记录》《焊接材料烘焙记录》《钢结构安装施工记录》等。

《钢结构安装施工记录》的内容应包括:

(1)主要受力构件安装应检查垂直度、测向弯曲等安装偏差。

(2)主体结构在形成空间刚度单元并连接固定后,应检查整体垂直度和整体平面弯曲度的安装偏差。

(3)钢网架结构总拼及屋面工程完成后,检查挠度值和其他安装偏差。

《钢结构安装施工记录》填写样式见表2-57。

表2-57 钢结构安装施工记录

工程名称	××市第一中学教学楼	编号	××××××
施工部位	钢屋架	日期	20××年×月×日
构件现场检查情况: 经检查满足施工需求。			
施工方案交底: 满足施工需求。			
基础标高及地脚螺栓情况: 经检查符合设计文件及施工质量验收规范的要求。			
拼装及安装偏差值: 经检查符合设计文件及施工质量验收规范的要求。			
签字栏	专业承包单位	××钢结构安装公司	施工员	×××
	施工总承包单位	××市第一建筑工程公司	技术负责人	×××
	监理单位	××市建设工程监理公司	专业监理工程师	×××
本表由施工单位填写,一式三份,建设单位、监理单位、施工单位各保存一份。				

二十八、网架(索膜)施工记录

施工网架或(索膜)的专业承包单位应填写《网架(索膜)施工记录》,上报施工总承包单位,并由监理单位审核,经各相关人员签字认可后,《网架(索膜)施工记录》存档备查。

《网架(索膜)施工记录》填写样式见表2-58。

表 2-58　网架(索膜)施工记录

工程名称	××市第一中学教学楼		编号		××××××
施工部位	顶层		日期		20××年×月×日
施工内容: 网架的安装					
施工依据: 设计文件、图纸会审记录、设计变更、洽商记录等。					
质量问题: 无					
施工总承包单位检查结论: 经检查符合设计文件及施工质量验收规范的要求。					
签字栏	专业承包单位	×××钢结构安装公司	技术负责人	×××	施工员	×××
	施工总承包单位	××市第一建筑工程公司	技术负责人	×××	质量员	×××
	监理单位	××市建设工程监理公司	专业监理工程师		×××
本表由施工单位填写,一式四份,建设单位、监理单位、施工单位、城建档案馆各保存一份。					

二十九、木结构施工记录

木结构的专业承包单位应填写《木结构施工记录》,上报施工总承包单位,并由监理单位审核,经各相关人员签字认可后,《木结构施工记录》存档备查。

《木结构施工记录》报告样式可参考《网架(索膜)施工记录》。

三十、幕墙注胶检查记录

幕墙专业承包单位应填写《幕墙注胶检查记录》,上报施工总承包单位,并由监理单位审核,经各相关人员签字认可后存档。

《幕墙注胶检查记录》的检查内容包括打胶养护温度及湿度、胶宽度及厚度、打胶环境等。

《幕墙注胶检查记录》填写样式见表2-59。

表 2-59　幕墙注胶检查记录

工程名称	××市第一中学教学楼			编号		××××××	
施工部位	1~5层/③~⑤			日期		20××年×月×日	
幕墙类别	玻璃幕墙	密封胶名称	硅酮耐候胶	型号及组分		单组分耐候胶	
打胶日期	打胶部位	打胶养护温度/℃	打胶养护湿度/%	打胶环境	胶宽度/mm	胶厚度/mm	检查结果	备注
20××年×月×日	一层	28	90	良好	8.5	5.5	合格	
…	…	…	…	…	…	…	…	

续表

签字栏	专业承包单位	××钢结构安装公司	施工员	×××
	施工总承包单位	××市第一建筑工程公司	技术负责人	××
	监理单位	××市建设工程监理公司	专业监理工程师	×××

结论：
经检查符合设计文件及施工质量验收规范的要求，检查合格。

本表由施工单位填写，一式三份，建设单位、监理单位、施工单位各保存一份。

课题六 施工试验记录及检测文件(C6)

在施工过程中，对于某些施工部位或工序，施工单位应委托具有资质的试验检测单位对这些工序进行检验，由试验检测单位出具试验或检测报告。施工单位应将这些试验记录或检测报告整理归档。

施工试验记录及检测报告包括以下种类：锚杆试验报告；地基承载力检验报告；桩基检测报告；土工击实试验报告；回填土试验报告(应附图)；钢筋机械连接试验报告；钢筋焊接连接试验报告；砂浆配合比申请单、通知单；砂浆抗压强度试验报告；砌筑砂浆试块强度统计、评定记录；混凝土配合比申请单、通知单；混凝土抗压强度试验报告；混凝土试块强度统计、评定记录；混凝土抗渗试验报告；砂、石、水泥放射性指标报告；混凝土碱总量计算书；外墙饰面砖样板粘结强度试验报告；后置埋件抗拔试验报告；超声波探伤报告、探伤记录；钢构件射线探伤报告；磁粉探伤报告；高强度螺栓抗滑移系数检测报告；钢结构焊接工艺评定；网架节点承载力试验报告；钢结构防腐、防火涂料厚度检测报告；木结构胶缝试验报告；木结构构件力学性能试验报告；木结构防护剂试验报告；幕墙双组分硅酮结构密封胶混匀性及拉断试验报告；幕墙的抗风压性能、空气渗透性能、雨水渗透性能及平面内变形性能检测报告；外门窗的抗风压性能、空气渗透性能和雨水渗透性能检测报告；墙体节能工程保温板材与基层粘结强度现场拉拔试验；外墙保温浆料同条件养护试件试验报告；结构实体混凝土强度检验记录；结构实体钢筋保护层厚度检验记录；围护结构现场实体检验；室内环境检测报告；节能性能检测报告等。

一、砂浆配合比申请单、通知单

在砌体结构施工前，施工单位应根据设计要求的砂浆强度等级，填写《砂浆配合比申请单》，提请具有资质的试验单位进行砂浆试配。试验单位根据试配结果出具《砂浆配合比通知单》。

砂浆试配的要求如下：
(1)不论砂浆工程量大小、强度等级高低，均应进行试配，并按配合比通知单拌制砂浆，严禁使用经验配合比。
(2)申请试配应提供砂浆的技术要求、原材料的有关性能、砂浆的搅拌、施工方法及养

· 84 ·

护方法。设计有特殊要求的砂浆，还应特别予以详细说明。

（3）进行砂浆配合比设计时，砂浆稠度、分层度、强度为必检项目，试验室在进行砂浆试配中应进行此三项试验。

（4）砂浆配合比通知单中试验、审核、批准签字应齐全，并加盖试验单位公章。

《砂浆配合比申请单》《砂浆配合比通知单》填写样式分别见表2-60、表2-61。

表2-60 砂浆配合比申请单

工程名称	××市第一中学教学楼		编号	×××××
委托单位	××市第一建筑工程公司	委托人 ××	委托编号	××××
砂浆种类	混合砂浆	强度等级 M5	水泥品种	P.O 42.5
水泥进场日期	20××年×月×日	生产厂家 ××××××	试验编号	×××××
砂产地	××××	粗细级别 中	试验编号	×××××
掺合料种类	石灰膏	外加剂种类	/	
申请日期	20××年×月×日	要求使用日期	20××年×月×日	
本表由施工单位填写，一式一份，施工单位自行存档。				

表2-61 砂浆配合比通知单

工程名称	××市第一中学教学楼			编号	×××××
委托单位	××市第一建筑工程公司	委托人	××	委托编号	××××
砂浆种类	混合砂浆	强度等级	M5	水泥品种	P.O 42.5
配合比编号	×××××	试配编号	××××	试验日期	20××年×月×日
配合比					
材料名称	水泥	砂	水	石灰膏	掺合料	外加剂
每立方米用量/kg	×	×	×	×	/	/
比例	1	×	×	×	/	/
注：砂浆稠度为70～100 mm，石灰膏稠度为(120±5) mm。						
批准	×××	审核	×××	试验	×××
试验单位	×××试验检测中心			报告日期	20××年×月×日
本表由试验单位出具，一式两份，试验单位、施工单位各保存一份。					

二、砌筑砂浆试块强度统计、评定记录

《砌筑砂浆试块强度统计、评定记录》是对单位工程砌筑砂浆强度进行综合核查的评定用表，它既是砌筑砂浆抗压强度试验报告的汇总表，也是单位工程评定砌筑砂浆强度是否符合设计要求的核查记录。

砌筑砂浆抗压强度评定按28 d标准养护试件的抗压强度为依据。

(一)汇总及评定要求

(1)砌筑砂浆抗压强度试验报告要全部汇总，不得遗漏。
(2)汇总时，应按工程进度(即时间顺序)进行统计汇总。
(3)不同设计强度等级、不同部位(如地基基础、主体工程等)、不同种类砂浆(如水泥砂浆、混合砂浆等)应分别汇总、评定。
(4)砌筑砂浆立方体试件以3个为一组进行评定。

(二)评定方法

1. 计算每组试件的强度代表值 f

(1)计算3个试件实测强度的平均值：$f_{平均值}=(f_1+f_2+f_3)/3$。
(2)找出3个试件实测强度中的最大值 f_{max} 及最小值 f_{min}。
(3)每组试件的强度代表值 f 的确定：

1)如果最大值或最小值中有一个值与中间值的差值超过中间值的15%时，则把最大值和最小值一并舍除，取中间值作为该组试件的强度代表值。

即若 $(f_{max}-f_{中间值})/f_{中间值}>15\%$ 或 $(f_{中间值}-f_{min})/f_{中间值}>15\%$ 时，则取 $f_{中间值}$ 作为该组试件的强度代表值。

2)如果两个值与中间值的差值均超过中间值的15%时，则该组试件的试验结果无效。

3)若没有上述情况，则取 $f_{平均值}$ 的1.3倍作为该组试件的强度代表值。

2. 单位工程验收判断计算

(1)如果只有1组或2组试件时，则只需满足下式的条件即为合格，否则此单位工程砌筑砂浆的强度不合格。

$$f \geqslant 1.1 f_{m,k}$$

式中　f——砌筑砂浆每组试件的强度代表值。

(2)如果有3组及3组以上试件时，要同时满足下列式的条件才能合格，否则此单位工程砌筑砂浆的强度不合格。

所有组试件的强度代表值的平均值 $f_{平} \geqslant 1.1 f_{m,k}$。

任意一组试件的强度值 $f_{任} \geqslant 0.85 f_{m,k}$。

式中　$f_{m,k}$——砂浆抗压强度设计标准值。

(三)填表要求

(1)养护方法：标准养护。
(2)结构部位：按实际应用的部位填写。
(3)统计期：按实际统计、汇总、评定的日期填写。
(4)结论：要写明判断后的结论(评定合格或不合格)。

《砌筑砂浆试块强度统计、评定记录》填写样式见表2-62。

表2-62 砌筑砂浆试块强度统计、评定记录(表C.6.5)

工程名称	××市第一中学教学楼	编　号	××××××
		强度等级	M7.5
施工单位	××市第一建筑工程公司	养护方法	标准养护
统计期	20××年×月×日至20××年×月×日	结构部位	主体砌筑
试块组数 n	强度标准值 f_2/MPa	平均值 $f_{2,m}$/MPa	最小值 $f_{2,\min}$/MPa	$0.75f_2$
5	7.5	10.4	10.3	5.6
每组强度值/MPa	10.3	10.5	10.3	10.3	10.5
判定式	$f_{2,m} \geqslant 1.1f_2$		$f_{2,\min} \geqslant 0.75f_2$	
结果	10.4＞1.1×7.5＝8.25 满足要求		10.3＞0.75×7.5＝5.6 满足要求	
结论： 评定为合格。				
签字栏	批准	审核	统计
	×××	×××	×××
	报告日期	20××年×月×日	

本表由施工单位填写，一式三份，建设单位、施工单位、城建档案馆各保存一份。

三、混凝土配合比申请单、通知单

在混凝土工程施工前，施工单位应根据设计要求的混凝土强度等级，填写《混凝土配合比申请单》，提请具有资质的试验单位进行混凝土试配，试验单位根据试配结果出具《混凝土配合比通知单》。

混凝土试配的要求如下：

(1)不论混凝土工程量大小、强度等级高低，均应进行试配，并按配合比通知单拌制混凝土，严禁使用经验配合比。

(2)申请试配应提供混凝土的技术要求、原材料的有关性能、混凝土的搅拌、施工方法及养护方法。设计有特殊要求的混凝土，还应特别予以详细说明。

(3)凡现浇框架结构、剪力墙结构、现场预制大型构件、重要混凝土基础以及构筑物、大体积混凝土及其他不同品种、不同强度等级、不同级别的混凝土均应事先送样申请试配，由试验室根据试配结果签发《混凝土配合比通知单》。

(4)施工中如材料与送样有变化时，应另行送样，申请修改配合比。

(5)混凝土配合比通知单中试验、审核、技术负责人签字应齐全，并加盖试验单位公章。

《混凝土配合比申请单》《混凝土配合比通知单》填写样式分别见表2-63、表2-64。

表 2-63　混凝土配合比申请单

工程名称	××市第一中学教学楼		编号	×××××
委托单位	××市第一建筑工程公司	委托人　××	委托编号	××××
设计强度等级	C25	要求坍落度　100 mm	其他技术要求	/
搅拌方法	机械搅拌	振捣方法　机械振捣	养护方法	自然养护
水泥品种	P.O 42.5	生产厂家　××××××	试验编号	×××××
砂产地	××××	粗细级别　中	试验编号	×××××
石子产地	××××	最大粒径　30 mm	试验编号	×××××
掺合料种类	石灰膏		外加剂种类	/
申请日期	20××年×月×日		要求使用日期	20××年×月×日

本表由施工单位填写，一式一份，施工单位自行存档。

表 2-64　混凝土配合比通知单

工程名称	××市第一中学教学楼			编号		×××××	
委托单位	××市第一建筑工程公司		委托人　××	委托编号		××××	
混凝土强度等级	C25	水胶比	×		砂率	×	
配合比编号	×××××	试配编号	××××	试验日期		20××年×月×日	
配合比							
材料名称	水泥	砂	石子	水	掺合料	外加剂	其他
每立方米用量/kg	×	×	×	×	/	/	/
比例	1	×	×	×	/	/	/
每立方米混凝土碱含量/kg	××						
	××						
说明：							
批准	×××	审核	×××	试验		×××	
试验单位	×××试验检测中心			报告日期		20××年×月×日	

本表由试验单位出具，一式两份，试验单位、施工单位各保存一份。

四、混凝土试块强度统计、评定记录(表C.6.6)

《混凝土试块强度统计、评定记录》是对单位工程混凝土强度进行综合核查的评定用表，它既是混凝土抗压强度试验报告的汇总表，也是单位工程评定混凝土强度是否符合设计要求的核查记录。

混凝土抗压强度评定采用 28 d 标准养护试件和同条件养护试件的抗压强度共同评定，以标准养护的为准，同条件养护的为辅。

(一)汇总及评定要求

(1)混凝土抗压强度试验报告要全部汇总，不得遗漏。

(2)汇总时，应按工程进度(即时间顺序)进行统计汇总。

(3)不同设计强度等级(如C20、C30等)、不同部位(如地基基础、主体工程等)、不同种类混凝土(如普通混凝土、抗渗混凝土等)应分别汇总、评定。

(4)评定时以标准养护的试件抗压强度为准,对掺矿物掺合料的混凝土进行强度评定时,可根据设计规定,可采用大于28 d龄期的混凝土强度。

(5)评定时,按混凝土试件组数的多少,选择不同的方法进行评定。

(6)混凝土立方体试件以3个为一组进行评定。

(7)当采用非标准尺寸试件时,应将其抗压强度乘以尺寸折算系数,折算成边长为100 mm的标准尺寸试件抗压强度。尺寸折算系数按下列规定采用:

1)当混凝土强度等级低于C60时,对边长为100 mm的立方体试件取0.95,对边长为200 mm的立方体试件取1.05。

2)当混凝土强度等级不低于C60时,宜采用标准尺寸试件;使用非标准尺寸试件时,尺寸折算系数应由试验确定,其试件数量不应少于30组。

(二)评定方法

1. 计算每组试件强度代表值 f

(1)计算3个试件实测强度的平均值:$f_{平均值}=(f_1+f_2+f_3)/3$。

(2)找出3个试件实测强度值中的最大值 f_{max} 及最小值 f_{min}。

(3)每组试件的强度代表值 f 的确定:

1)如果最大值或最小值中有一个值与中间值的差值超过中间值的15%时,则把最大值和最小值一并舍除,取中间值作为该组试件的强度代表值。

即若$(f_{max}-f_{中间值})/f_{中间值}>15\%$或$(f_{中间值}-f_{min})/f_{中间值}>15\%$时,则取 $f_{中间值}$ 作为该组试件的强度代表值。

2)如果两个值与中间值的差值均超过中间值的15%时,则该组试件的试验结果无效。

3)如果没有上述情况,则取 $f_{平均值}$ 作为该组试件的强度代表值。

2. 单位工程验收判断计算

单位工程验收判断的方法有三种,需根据同一验收批的混凝土试件的组数多少进行选择。

(1)标准差已知的统计方法。连续生产的混凝土,生产条件在较长时间内保持一致,且同一品种、同一强度等级混凝土的强度变异性保持稳定时,混凝土强度的评定应符合以下要求。

1)一个检验批的样本容量应为连续的3组试件,其强度应同时符合下式要求:

$$m_{fcu} \geqslant f_{cu,k}+0.7\sigma_0$$
$$f_{cu,min} \geqslant f_{cu,k}-0.7\sigma_0$$

2)当混凝土强度等级不高于C20时,其强度的最小值还应满足下式要求:

$$f_{cu,min} \geqslant 0.85 f_{cu,k}$$

3)当混凝土强度等级高于C20时,其强度的最小值还应满足下式要求:

$$f_{cu,min} \geqslant 0.9 f_{cu,k}$$

式中　m_{fcu}——同一检验批混凝土强度代表值的平均值(N/mm²),精确至0.1 N/mm²;

$f_{cu,k}$——混凝土的设计强度标准值(N/mm²),精确至0.1 N/mm²;

σ_0——检验批混凝土强度的标准差(N/mm²),精确至0.1 N/mm²;

$f_{cu,min}$——同一检验批混凝土强度的最小值(N/mm²),精确至0.1 N/mm²。

4)同一检验批混凝土强度的标准差应按下式计算:

$$\sigma_0 = \sqrt{\frac{\sum_{i=1}^{n} f_{cu,i}^2 - n m_{fcu}^2}{n-1}}$$

式中 $f_{cu,i}$——前一个检验期内同一品种、同一强度等级的第i组混凝土试件的立方体抗压强度代表值(N/mm²),精确至0.1(N/mm²);该检验期不应少于60 d,也不得大于90 d;

n——前一检验期内的样本容量,在该期间内样本容量不应少于45组;

当σ_0计算值小于2.5 N/mm²时,应取σ_0=2.5 N/mm²。

(2)标准差未知的统计方法。当混凝土的生产条件不能满足"在较长时间内保持一致,且同一品种混凝土的强度变异性保持稳定"的规定,或在前一检验期内同一品种混凝土没有足够的强度数据用以确定验收批混凝土强度标准时,混凝土强度的评定应符合以下要求:

1)当样本容量不少于10组时,其强度应同时满足下式要求:

$$m_{fcu} \geq f_{cu,k} + \lambda_1 \cdot S_{fcu}$$

$$f_{cu,min} \geq \lambda_2 \cdot f_{cu,k}$$

式中 m_{fcu}——同一检验批混凝土强度代表值的平均值(N/mm²),精确至0.1 N/mm²;

$f_{cu,k}$——混凝土的设计强度标准值(N/mm²),精确至0.1 N/mm²;

$f_{cu,min}$——同一检验批混凝土强度的最小值(N/mm²),精确至0.1 N/mm²;

S_{fcu}——同一检验批混凝土强度的标准差(N/mm²),精确至0.1 N/mm²;

λ_1、λ_2——合格判定系数,按表2-65取用。

2)同一检验批混凝土立方体抗压强度的标准差应按下式计算:

$$S_{fcu} = \sqrt{\frac{\sum_{i=1}^{n} f_{cu,i}^2 - n \cdot m_{fcu}^2}{n-1}}$$

式中 $f_{cu,i}$——同一检验批任意一组混凝土试件的强度代表值(N/mm²),精确至0.1 N/mm²;

n——本检验期内的样本容量。

当S_{fcu}计算值小于2.5 N/mm²时,应取S_{fcu}=2.5 N/mm²。

3)混凝土强度的合格判定系数见表2-65。

表2-65 合格判定系数

组数	10~14	15~19	≥20
λ_1	1.15	1.05	0.95
λ_2	0.9	0.85	

(3)非统计方法评定。当用于评定的样本容量小于10组时的情况,采用非统计方法评定混凝土强度,其强度应同时符合下式要求:

$$m_{fcu} \geqslant \lambda_3 \cdot f_{cu,k}$$
$$f_{cu,min} \geqslant \lambda_4 \cdot f_{cu,k}$$

式中 m_{fcu}——同一检验批混凝土强度代表值的平均值(N/mm²)，精确至 0.1 N/mm²；

$f_{cu,k}$——混凝土的设计强度标准值(N/mm²)，精确至 0.1 N/mm²；

$f_{cu,min}$——同一检验批混凝土强度的最小值(N/mm²)，精确至 0.1 N/mm²；

λ_3、λ_4——合格评定系数，应按表 2-66 取用。

表 2-66 混凝土强度的非统计法合格评定系数

混凝土强度等级	<C60	≥C60
λ_3	1.15	1.10
λ_4	0.95	

(三)填表要求

(1)养护方法：标准养护。

(2)结构部位：按实际应用的部位填写。

(3)统计期：按实际统计、汇总、评定的日期填写。

(4)结论：要写明判断后的结论(评定合格或不合格)。

《混凝土试块强度统计、评定记录》填写样式见表 2-67。

表 2-67 混凝土试块强度统计、评定记录(表 C.6.6)

工程名称	××市第一中学教学楼				编 号	××××××		
					强度等级	C25		
施工单位	××市第一建筑工程公司				养护方法	标准养护		
统计期	20××年×月×日至20××年×月×日				结构部位	框架梁、板		
试块组数 n	强度标准值 $f_{cu,k}$ /MPa	平均值 m_{fcu} /MPa		最小值 $f_{2,min}$ /MPa	标准差 S_{fcu} /MPa	合格判定系数		
						λ_1	λ_2	λ_3	λ_4
6	25	29.0		28.4	/	/	/	1.15	0.95
每组强度值 /MPa	28.5	29.2	28.8	28.4	29.5	29.5			
评定界限	□统计方法				□非统计方法			
	$f_{cu,k}+\lambda_1 \cdot S_{fcu}$		$\lambda_2 \cdot f_{cu,k}$		$\lambda_3 \cdot f_{cu,k}$		$\lambda_4 \cdot f_{cu,k}$	
					28.8		23.8	
判定式	$m_{fcu} \geqslant f_{cu,k}+\lambda_1 \cdot S_{fcu}$		$f_{cu,min} \geqslant \lambda_2 \cdot f_{cu,k}$		$m_{fcu} \geqslant \lambda_3 \cdot f_{cu,k}$		$f_{cu,min} \geqslant \lambda_4 \cdot f_{cu,k}$	
结果					29.0>28.8；28.4>23.8 满足要求			
结论： 评定为合格								

续表

签字栏	批准	审核	统计
	×××	×××	×××
	报告日期	20××年×月×日	

本表由施工单位填写,一式三份,建设单位、施工单位、城建档案馆各保存一份。

五、砂、石、水泥放射性指标报告

施工中所用砂、石、水泥等材料,在使用前,应由施工单位委托具有相应资质等级的试验检测单位进行放射性指标检验,由试验检测单位出具放射性指标报告。

施工单位应将《砂、石、水泥放射性指标报告》上报监理单位审核,经监理单位签字认可后存档。

六、混凝土碱含量计算书

混凝土中碱含量是指来自水泥、化学外加剂和矿粉掺合料中游离钾离子、钠离子含量之和。

施工单位应委托具有相应资质等级的试验检测单位对混凝土中的碱含量进行检验,由检测单位出具检验报告。施工单位负责按检验报告的数据,对混凝土中的碱含量的总量进行计算,形成《混凝土碱含量计算书》,上报监理单位审核,经专业监理工程师签字认可后存档。

《混凝土碱含量计算书》填写样式见表2-68。

表2-68 混凝土碱含量计算书

工程名称	××市第一中学教学楼		编号	××××××
设计强度等级	C40	试验编号 ×××××	配合比编号	××××××
试验配合比	1:1.82:2.23:0.38:0.002 3:0.01		水胶比	0.38
使用材料名称	报告编号	材料中碱含量	每立方米混凝土中各材料用量/kg	每立方米混凝土中各材料碱含量/kg
水泥	××××	××	××	××
粗集料	××××	/	××	/
细集料	××××	/	××	/
纤维	××××	/	××	/
水	××××	××	××	××
外加剂	××××	××	××	××
合计				×××
项目	规定值			计算值
碱总含量	×××			×××

续表

结论: 该批混凝土配合比每立方米混凝土中碱总含量符合施工质量验收规范的要求。					
签字栏	施工单位	××市第一建筑工程公司	计算	复核	技术负责人
			×××	×××	×××
	监理或建设单位	××市建设工程监理公司	专业工程师		×××
本表由施工单位填写,一式四份,建设单位、监理单位、施工单位、城建档案馆各保存一份。					

七、结构实体混凝土强度检验记录

《混凝土结构工程施工质量验收规范》(GB 50204—2015)中规定：对涉及混凝土结构安全的重要部位应进行结构实体检验，检验内容包括混凝土强度、钢筋保护层、合同约定的其他项目。这些项目应该在混凝土结构子分部工程验收之前完成检验工作。

对结构实体混凝土强度的检验，应以在混凝土浇筑地点制备并与结构实体同条件养护的试件强度为依据，如果同条件养护试件强度被判为不合格，应委托具有相应资质等级的检测机构按国家有关标准进行检测。

检验完成后，应填写《结构实体混凝土强度检验记录》并存档。

1. 同条件养护试件的要求

同条件养护试件的取样部位应由监理单位(或建设单位)与施工单位共同选定，即实行见证取样和送检，并应有相应的文字记录。如果采用温度·时间累计(600 ℃·d)确定同条件养护试件等效养护龄期的，应有相应的温度测量记录。

同条件养护试件应有相应的混凝土抗压强度报告。

2. 填表要求

《结构实体混凝土强度检验记录》中某一强度等级对应的"试件强度代表值"：上一行填写按《混凝土强度检验评定标准》(GB/T 50107—2010)确定的同条件养护试件的强度；下一行填写乘以折算系数后的强度。折算系数宜取 1.10，也可根据当地的试验统计结果做适当调整。

《结构实体混凝土强度检验记录》填写样式见表 2-69。

八、结构实体钢筋保护层厚度检验记录

施工单位应在混凝土结构施工以前根据设计图纸的结构情况，制定《结构实体钢筋保护层厚度检验方案》。

结构实体钢筋保护层厚度的检验，可采用非破损或局部破损的方法，也可采用非破损方法，并用局部破损方法进行修正。非破损检验方法，一般适用于大量结构构件及大面积检测的工程(如应用于悬挑构件上)。

施工单位不具备非破损检测条件的，可以委托具有相应资质等级的检测单位进行检测，并应签订委托检测合同，检测单位检测应按《结构实体钢筋保护层厚度检验方案》进行。

表 2-69　结构实体混凝土强度检验记录(表 C.6.7)

工程名称	××市第一中学教学楼		编　　号	××××××
			结构类型	框架
施工单位	××市第一建筑工程公司		验收日期	20××年×月×日
强度等级	试件强度代表值/MPa		强度评定结果	监理/建设单位验收结果
C25	× × × × × × × × × × × ×		合格	符合设计及施工质量 验收规范的要求

结论：
　　评定为合格。

签字栏	项目专业技术负责人	专业监理工程师或建设单位项目专业技术负责人
	×××	×××

本表由施工单位填写，一式四份，建设单位、监理单位、施工单位、城建档案馆各保存一份。

　　钢筋保护层厚度检验的结构部位，应由监理(建设)、施工等各方根据结构构件的重要性共同选定，即结构实体钢筋保护层厚度的检验必须实行见证取样检测。

　　被委托的检测单位必须出具《钢筋保护层厚度检测报告》，并对检测数据负责；施工单位根据《钢筋保护层厚度检测报告》填写《结构实体钢筋保护层厚度检验记录》并存档。

1. 取样要求

(1)对梁类、板类构件，应各抽取构件数量的 2% 且不少于 5 个构件进行检验；当有悬挑构件时，抽取的构件中悬挑梁类、板类构件所占比例均不宜小于 50%。

(2)对选定的梁类构件，应对全部纵向受力钢筋的保护层厚度进行检验；对选定的板类构件，应抽取不少于 6 根纵向受力钢筋的保护层厚度进行检验。对每根钢筋，应在有代表性的部位测量 1 点。

2. 验收要求

(1)当采用非破损方法检验时，所使用的检测仪器应经过计量检验，检测操作应符合相应规程的规定，检测误差不应大于 1 mm。

(2)钢筋保护层厚度检验时，纵向受力钢筋保护层厚度的允许偏差，对梁类构件为 +10 mm，−7 mm；对板类构件为 +8 mm，−5 mm。

(3)对梁类、板类构件纵向受力钢筋的保护层厚度应分别进行验收。

3. 验收合格的判定

(1)当全部钢筋保护层厚度检验的合格点率为 90% 及以上时，钢筋保护层厚度的检验结果应评定为合格。

(2)当全部钢筋保护层厚度检验的合格点率小于 90%，但不小于 80%，可再抽取相同数量的构件进行检验；当按两次抽样总和计算的合格点率为 90% 及以上时，钢筋保护层厚度的检验结果应评定为合格。

(3)每次抽样检验结果中不合格点的最大偏差均不应大于允许偏差的1.5倍。

《结构实体钢筋保护层厚度检验记录》填写样式见表2-70。

表2-70 结构实体钢筋保护层厚度检验记录(表C.6.8)

工程名称	××市第一中学教学楼						编号	××××××
^	^						结构类型	框架
施工单位	××市第一建筑工程公司						验收日期	20××年×月×日
构件类别	序号	钢筋保护层厚度/mm					合格点率	评定结果	监理/建设单位验收结果
^	^	设计值	实测值				^	^	^
梁	1	30	29	31	30	32	31	90%	合格	符合设计及施工质量验收规范的要求
^	2	…	…	…	…	…	…	^	^	^
^								^	^	^
板	1	15	14	16	15	16	17	90%	合格	符合设计及施工质量验收规范的要求
^	2	…	…	…	…	…	…	^	^	^

结论:
评定为合格。

签字栏	项目专业技术负责人	专业监理工程师或建设单位项目专业技术负责人
^	×××	×××

本表由施工单位填写,一式四份,建设单位、监理单位、施工单位、城建档案馆各保存一份。

课题七 施工质量验收文件(C7)

一、检验批质量验收记录

检验批是工程验收的最小单位,是分项工程乃至整个建筑工程质量验收的基础。

检验批是施工过程中条件相同并有一定数量的材料、构配件或安装项目。由于其质量基本均匀一致,因此,可以作为检验的基础单位,并按批验收。

(一)主控项目和一般项目

主控项目包括重要原材料、成品、半成品、设备及附件的材质证明或检(试)验报告;结构强度、刚度等检验数据、工程质量性能检测;一些重要的允许偏差项目,必须控制在允许偏差限值之内。

一般项目是指允许有一定的偏差或缺陷,以及一些无法定量的项目(如油漆的光亮、光滑项目等），但又不能超过一定数量的项目。

(二)验收要求

(1)主控项目和一般项目的质量经抽样检验合格。
(2)具有完整的施工操作依据、质量检查记录等。

(三)填写要求

1. 表头部分

(1)"工程名称"按合同文件上的单位工程名称填写，子单位工程应标出该部分的位置。
(2)"验收部位"是指一个分项工程中同验收的那个检验批的抽样范围，要标注清楚，如二层①～⑩轴砖砌体。
(3)"施工执行标准名称及编号"填写施工中质量验收时执行的地方标准或企业标准的名称及编号。

2."质量验收规范的规定"栏

在制表时，应填写好验收规范中主控项目、一般项目的全部内容。如果表格的地方小，不能将多数指标全部内容填写，可将质量指标归纳、简化描述或题目及条文号填写上，作为检查内容提示，以便查对验收规范的原文。

对计数检验的项目，将数据直接印出来。

3."施工单位检查评定记录"栏

(1)对定量项目直接填写检查的数据。
(2)对定性项目，当符合规范规定时，采用打"√"的方法标注；当不符合规范规定时，采用打"×"的方法标注。
(3)有混凝土、砂浆强度等级的检验批，按规定制作试件后，可填写试件编号；试件试验报告出来后，对检验批进行判定，并在分项工程验收时进行强度评定及验收。
(4)对既有定性又定量的项目，各个子项目质量均符合规范规定时，采用打"√"的方法标注；否则采用打"×"的方法标注。无此项内容的打"/"来标注。
(5)对一般项目合格点有要求的项目，应是其中带有数据的定量项目，定性项目必须基本达到。定量项目中每个项目都必须有80%以上(混凝土保护层有90%以上)检测点的实测值达到规范规定。其余20%按各专业施工质量验收规范规定，不能大于150%，钢结构为120%。

在填写此栏时，有数据的项目，将实际测量的数值填入表格内，超过验收标准的数字用"△"圈住。

4."监理/建设单位验收记录"栏

通常监理人员采用平行、旁站或巡回的方法进行监理，在施工过程中，对施工质量进行观看和测量，并参加施工单位重要项目的检测。除对新开工工程进行全面检查外，在施工过程中，随时可以测量。

在检验批验收时，对于主控项目、一般项目应逐项进行验收。对符合验收规范规定的项目,填写"合格"或"符合要求";对不符合验收规范规定的项目,暂不填写,待处理后再验收,但应做标记。

5."施工单位检查评定结果"栏

施工单位自行检查评定合格后,应注明"主控项目全部合格,一般项目满足规范规定要求"。

专业工长和施工班组长栏目由本人签字;专业质量检查员代表企业检查评定,合格后写明结果并签字,交监理工程师或建设单位项目专业技术负责人验收。

6."监理或建设单位验收结论"栏

主控项目、一般项目验收合格后,注明"同意验收",由专业监理工程师或建设单位的专业技术负责人签字。

《卷材防水层检验批质量验收记录》填写样式见表2-71。

表2-71 卷材防水层检验批质量验收记录(表C.7.1)

工程名称	××市第一中学教学楼			
分项工程名称	卷材防水层		验收部位	基础①~⑩
施工总承包单位	××市第一建筑工程公司	项目经理 ×××	专业工长	×××
专业承包单位	××防水公司	项目经理 ×××	施工班组长	×××
施工执行标准名称及编号	《地下防水工程质量验收规范》(GB 50208—2011)			

		质量验收规范的规定	施工单位检查评定记录	监理/建设单位验收记录
主控项目	1	卷材及主要配套材料质量	符合要求	符合要求
	2	防水层及其细部做法	符合要求	
一般项目	1	基层质量	√√√√√√√√√√	符合要求
	2	卷材的搭接质量	√√√√√√√√	
	3	侧墙保护层的质量	√√√√√√	
		项目 / 允许偏差/mm	实测偏差/mm 1 2 3 4 5 6 7 8 9 10	
	4	卷材搭接宽度 / −10	× × × × × × × × × ×	

施工单位检查评定结果:
　　主控项目全部合格,一般项目满足规范规定要求。
　　　　　　　　　　　　质量检查员:×××　　　　　　　　20××年×月×日

监理或建设单位验收结论:
　　符合施工质量验收规范要求,同意验收。
　　　　　　　　　　监理工程师或建设单位项目专业技术负责人:×××　　　20××年×月×日

本表由施工单位填写,一式三份,建设单位、监理单位、施工单位各保存一份。

二、分项工程质量验收记录

1. 验收人及内容

分项工程验收由监理工程师组织项目专业技术负责人等进行。

分项工程验收是在检验批验收合格的基础上进行,通常起一个归纳整理的作用,是一个统计表,没有实质性验收内容。需要注意三点:一是检查验收批是否将整个工程覆盖了,有没有漏掉的部位;二是检查有混凝土、砂浆强度要求的检验批,到龄期后能否达到规范规定;三是将检验批的资料统一,依次进行登记整理,方便管理。

2. 填写要求

表头及检验批部位、区段、施工单位检查评定结果,由施工单位项目专业质量检查员填写,由施工单位项目技术负责人检查后给出评价并签字,交监理单位或建设单位验收。

3. 审查

监理单位的专业监理工程师(或建设单位项目专业技术负责人)应逐项审查,同意项填写"合格或符合要求",不同意项暂不填写,待处理后再验收,但应做标记。注明验收和不验收的意见,如同意验收则签字确认,若不同意验收,应指出存在的问题,明确处理意见和完成时间。

《模板分项工程质量验收记录》填写样式见表 2-72。

表 2-72 模板分项工程质量验收记录(表 C.7.2)

工程名称	××市第一中学教学楼	结构类型	框架	检验批数	12
施工总承包单位	××市第一建筑工程公司	项目经理	×××	项目技术负责人	×××
专业承包单位	/	单位负责人	/	项目经理	/
序号	检验批名称及部位、区段	施工单位检查评定结果		监理或建设单位验收意见	
1	一层框架柱模板安装	符合要求		符合质量验收规范要求	
2	二层框架柱模板安装	符合要求		符合质量验收规范要求	
3	三层框架柱模板安装	符合要求		符合质量验收规范要求	
4	一层框架柱模板拆除	符合要求		符合质量验收规范要求	
5	二层框架柱模板拆除	符合要求		符合质量验收规范要求	
6	三层框架柱模板拆除	符合要求		符合质量验收规范要求	
7	一层框架梁、板模板安装	符合要求		符合质量验收规范要求	
8	二层框架梁、板模板安装	符合要求		符合质量验收规范要求	
9	三层框架梁、板模板安装	符合要求		符合质量验收规范要求	
10	一层框架梁、板模板拆除	符合要求		符合质量验收规范要求	
11	二层框架梁、板模板拆除	符合要求		符合质量验收规范要求	
12	三层框架梁、板模板拆除	符合要求		符合质量验收规范要求	
说明:					

续表

检查结论	模板安装及拆除工程施工质量符合《混凝土结构工程施工质量验收规范》(GB 50204—2015)的要求，模板分项工程合格。 项目专业技术负责人：××× 20××年×月×日	验收结论	同意施工单位检查结论，验收合格。 监理工程师或建设单位项目专业技术负责人：××× 20××年×月×日

本表由施工单位填写，一式三份，建设单位、监理单位、施工单位各保存一份。

三、分部(子分部)工程验收记录

分部(子分部)工程质量验收是在分项工程的质量进行检查验收后，对有关工程质量控制资料、安全及功能检验和抽样检测结果的资料进行核查，以及对观感质量进行评价。

分部(子分部)工程质量验收包括四个方面内容：一是分项工程验收；二是质量控制资料的核查；三是安全和功能检验(检测)报告的核查；四是观感质量验收。

(一)填写要求

(1)分部(子分部)工程的名称填写要具体，写在分部(子分部)工程的前边，并分别划掉分部或子分部。

(2)"结构类型"填写设计文件提供的结构类型。

(3)"层数"应分别注明地下和地上的层数。

(4)"技术部门负责人""质量部门负责人"一般情况下填写项目的技术和质量负责人，只有地基与基础分部、主体结构分部验收时填写施工单位的技术部门及质量部门负责人。

(二)验收内容

1. 分项工程

按分项工程第一个检验批施工的先后顺序，将分项工程名称填写上；在"(检验批)数"栏内分别填写各分项工程实际的检验批数，即分项工程验收表上的检验批数，并将各分项工程评定表按顺序附在表后。

"施工单位检查评定"栏，填写施工单位自行检查评定的结果。核查一下分项工程是否都通过验收，有关有龄期试件的合格评定是否都达到要求。核查后，自检符合要求的，可打"√"标注，否则打"×"标注。有"×"的项目不能交给监理单位或建设单位验收，应进行返修达到合格后再提交验收。

监理单位或建设单位由总监理工程师或建设单位项目专业技术负责人组织审查，符合要求后，在"验收意见"栏内签注"同意验收"意见。

2. 质量控制资料

应按《建筑工程施工质量验收统一标准》(GB 50300—2013)中《单位(子单位)工程质量控制资料核查记录》中的相关内容来确定所验收的分部(子分部)工程的质量控制资料项目，并按资料核查的要求，逐项进行检查。能基本反映工程质量情况，达到保证结构安全和使用功能要求的，即可通过验收。

全部项目都通过，即可在"施工单位检查评定"栏内打"√"标注"检查合格"，并报送监理单位或建设单位验收。

监理单位或建设单位由总监理工程师或建设单位项目专业技术负责人组织审查，符合要求后，在"验收意见"栏内签注"同意验收"意见。

有些工程可按子分部工程进行验收，有些工程可按分部工程进行验收，由于工程不同，不能强求统一。

3. 安全和功能检验（检测）报告

安全和功能检验（检测）报告内容是指竣工抽样检测的项目，能在分部（子分部）工程中检测的，尽量放在分部（子分部）工程中检测。

检测内容按《建筑工程施工质量验收统一标准》（GB 50300—2013）中《单位（子单位）工程安全和功能检验资料核查及主要功能抽查记录》中相关内容确定核查和抽查项目。在核查时要注意，在开工之前确定的项目是否都进行了检测。逐一检查每个检测报告时，核查每个检测项目的检测方法、程序是否符合有关标准规定；检测结果是否达到规范的要求；检测报告的审批程序、签字是否完整。

每个检测项目都通过审查后，即可在"施工单位检查评定"栏内打"√"，标注"检查合格"，并送监理单位或建设单位验收。

监理单位或建设单位由总监理工程师或建设单位项目专业技术负责人组织审查，符合要求后，在"验收意见"栏内签注"同意验收"意见。

4. 观感质量验收

需要做观感质量检查的，由施工单位项目经理组织进行现场检查，以监理单位的总监理工程师或建设单位的项目专业技术负责人为主导，共同确定质量评价（好、一般、差）。如观感质量评价为差，能修理的，尽量修理；若修理确实很难时，只要不影响结构安全和使用功能，可采用协商解决的方法进行验收，并在验收表上注明，然后将验收评价结论填写在"观感质量验收"栏内。

（三）验收单位签字

参与验收的工程建设责任单位的有关人员均应亲自签字确认，并加盖单位公章。

勘察单位可只签认地基基础分部（子分部）工程，由项目负责人签字；设计单位可只签认地基基础分部、主体结构及重要安装分部（子分部）工程，由项目负责人签字；有分包单位的，分包单位可只签认其分包的分部（子分部）工程，由分包项目经理签字。

《混凝土结构（子分部）工程质量验收记录》填写样式见表2-73。

四、建筑节能分部工程质量验收记录

建筑节能分部工程质量验收应在各检验批、各分项工程全部验收合格的基础上，有关质量责任主体确认建筑节能工程质量达到验收条件后方可进行。

表 2-73 混凝土结构(子分部)工程质量验收记录(表 C.7.3)

工程名称	××市第一中学教学楼	结构类型	框架	层数	地上6层/地下1层
施工总承包单位	××市第一建筑工程公司	技术部门负责人	×××	质量部门负责人	×××
专业承包单位	/	专业承包单位负责人	/	专业承包单位技术负责人	/
序号	分项工程名称	(检验批)数	施工单位检查评定	验收意见	
1	模板	14	符合要求	各分项检验批验收合格,符合质量验收规范要求。	
2	钢筋	14	符合要求		
3	混凝土	14	符合要求		
4	现浇结构	14	符合要求		
质量控制资料		资料齐全、符合要求	同意验收	
安全和功能检验(检测)报告		结构实体检验报告符合要求	同意验收	
观感质量验收		混凝土结构尺寸符合设计要求;表面无缺陷;观感质量良好	同意验收	
验收单位	专业承包单位	项目经理: 年 月 日		
	施工总承包单位	项目经理:××× 20××年×月×日		
	勘察单位	项目负责人:××× 年 月 日		
	设计单位	项目负责人:××× 20××年×月×日		
	监理单位或建设单位	总监理工程师或建设单位项目专业负责人:××× 20××年×月×日		
本表由施工单位填写,一式四份,建设单位、监理单位、施工单位、城建档案馆各保存一份。				

建筑节能分部工程质量验收前,相关技术资料应齐全,设计文件和合同约定的节能工程全部施工完毕。

建筑节能分部质量验收合格后,其相关技术资料应及时归档。

1. 质量控制资料核查

(1)设计文件、图纸会审记录、设计变更和洽商。

(2)主要材料、设备和构件的质量证明文件、进场检查验收记录、进场复验报告、见证试验报告等。
(3)隐蔽工程验收记录和相关图像资料。
(4)分部分项工程质量验收记录、检验批验收记录。
(5)建筑围护结构节能构造现场实体检测记录。
(6)建筑外窗气密性检测报告。
(7)保温隔热材料的导热系数、密度、吸水率复检报告或质量证明文件。
(8)通风与空调节能工程的风机盘管机组的供冷量、供热量、风量、出口静压、噪声及功能复检报告。
(9)通风与空调节能工程绝缘材料的导热系数、密度、吸水率复检报告。
(10)空调与采暖系统冷、热源及管网节能工程绝缘材料的导热系数、密度、吸水率复检报告或质量证明文件；系统联合试运转或调试报告。
(11)配电与照明节能工程的电缆、电线截面和每芯导体电阻值复检报告、照明通电试运行记录。
(12)采暖、通风与空调、配电与照明工程系统节能性能检测报告。
(13)建筑节能工程能效检测报告。
(14)建筑节能工程质量问题的整改和质量事故的处理结论。
(15)其他对建筑节能工程质量有影响的重要技术资料等。

2. 建筑节能分部工程验收应重点检查内容

(1)验收范围、施工完成工作量与施工图设计文件和合同约定是否相符。
(2)实体质量、观感质量与施工图设计文件和施工验收规范是否相符。
(3)住宅工程的节能指标与公示内容是否相符。

3. 建筑节能分部工程验收监督

建筑节能分部工程验收监督，应重点监督验收组织、验收程序和验收执行标准是否符合要求，并应记录有关质量主体对下列内容的评价：
(1)施工完成工作量与施工图设计文件和合同约定是否相符。
(2)节能工程技术资料的完整性、及时性和真实性。
(3)节能工程的实体质量是否符合施工图设计文件和施工规范要求。
《建筑节能分部工程质量验收记录》填写样式见表2-74。

表2-74 建筑节能分部工程质量验收记录(表C.7.4)

工程名称	××市第一中学教学楼		结构类型及层数		框架结构、6层	
施工总承包单位	××市第一建筑工程公司	技术部门负责人	×××	质量部门负责人	×××
专业承包单位	××××××××××	专业承包单位负责人	×××	专业承包单位技术负责人	×××
序号	分项工程名称		验收结论	监理工程师签字		备注
1	墙体节能工程		同意验收	×××		
2	幕墙节能工程		同意验收	×××		

续表

序号	分项工程名称	验收结论	监理工程师签字	备注
3	门窗节能工程	同意验收	×××	
4	屋面节能工程	同意验收	×××	
5	地面节能工程	同意验收	×××	
6	采暖节能工程	同意验收	×××	
7	通风与空调调节节能工程	同意验收	×××	
8	空调与采暖系统的冷热源及管网节能工程	同意验收	×××	
9	配电与照明节能工程	同意验收	×××	
10	监测与控制节能工程	同意验收	×××	
	质量控制资料	满足施工质量验收规范要求		
	外墙节能构造现场实体检验	满足施工质量验收规范要求		
	外窗气密性现场实体检验	满足施工质量验收规范要求		
	系统节能性能检测	满足施工质量验收规范要求		
验收结论：通过验收				
其他参加验收人员：×××　×××　×××　×××				
验收单位	专业承包单位	施工总承包单位	设计单位	监理或建设单位
	项目经理：×××	项目经理：×××	项目负责人：×××	总监理工程师或 建设单位项目负责人：×××
	20××年×月×日	20××年×月×日	20××年×月×日	20××年×月×日
本表由施工单位填写，一式五份，建设单位、监理单位、设计单位、施工单位、城建档案馆各保存一份。				

课题八　施工验收文件(C8)

一、单位(子单位)工程竣工预验收报验表

工程完工后，施工单位应向监理单位提出对该工程项目进行验收申请，并提交《单位(子单位)工程竣工预验收报验表》，总监理工程师组织专业监理工程师对施工单位申报的竣工验收资料进行审核后，并组织项目监理人员根据有关规定与施工单位共同对工程进行检查验收，合格后，总监理工程师签署《单位(子单位)工程竣工预验收报验表》，并及时报告建设单位和编写《工程质量评估报告》。

(一)工程竣工验收程序

(1)当单位工程达到竣工验收条件后，施工单位应在自审、自查、自评工作完成后，填写《单位(子单位)工程竣工预验收报验表》，由施工单位的法定代表人和技术负责人签章，并将全部竣工资料报送监理单位，申请竣工预验收。

(2)总监理工程师应组织各专业监理工程师对竣工资料及各专业工程的质量情况进行全

面检查，对检查出的问题，签发《监理工程师通知》，要求施工单位整改和完善。

(3)经监理单位对竣工资料及实物全面检查、验收合格后，由总监理工程师签署《单位(子单位)工程竣工预验收报验表》，并向建设单位提出《工程质量评估报告》，请建设单位组织工程竣工验收。

(二)工程竣工验收资料的审查内容

监理工程师在同意竣工验收前，应对施工单位提交的全套竣工验收资料进行审核。施工单位提交的竣工验收资料主要有：

(1)工程项目开工报告。
(2)工程项目竣工报告。
(3)图纸会审和设计交底记录。
(4)设计变更通知单。
(5)技术变更洽商单。
(6)施工组织设计。
(7)工程质量事故发生后调查和处理资料。
(8)水准点位置、定位测量记录、沉降及位移观测记录。
(9)材料、设备、构件的质量合格证明资料。
(10)检验、试验报告。
(11)隐蔽验收记录及施工日志。
(12)打桩记录、试桩报告。
(13)材料代用表。
(14)竣工图。
(15)质量评定资料。
(16)工程竣工验收及资料。

(三)审查竣工验收资料的重点

(1)材料、设备、构配件的质量合格证明材料。这些材料应真实、可靠，不得擅自修改、伪造和事后补做。

(2)检验、试验资料。各种材料检验、试验资料，必须根据规范要求制作试件或取样，进行规定数量的试验。试验、检验的结论只有符合设计要求后才能用于工程施工。

(3)核查隐蔽工程记录及施工记录。

(4)竣工图的审查。建设项目竣工图是真实记录各种地下、地上建筑物的详细技术文件，是进行工程交工验收、使用维护、改建扩建的依据，也是使用单位长期保存的技术资料。对竣工图审查的主要内容有：

1)竣工图是否符合《编制基本建设工程竣工图的几项暂行规定》。
2)竣工图是否与竣工工程的实际情况相符。
3)竣工图是否保证绘制质量，做到规格统一、字迹清晰，符合技术档案的各种要求。
4)竣工图是否已经过施工单位主要技术负责人审核、签认。

(四)资料要求

(1)《单位(子单位)工程竣工预验收报验表》由施工单位填报,监理单位的总监理工程师审查并签发。

(2)施工单位提交的工程竣工报验的附件内容,必须齐全、真实。

(3)检验批、分项、分部工程质量已经由企业技术负责人组织有关人员进行验收,并达到合格以上标准。

(4)报验表上施工单位应加盖公章,项目经理必须签字。

(五)填表说明

1. 附件

用于证明工程按合同约定完成并符合竣工验收要求的竣工资料,包括以下内容:

(1)《单位(子单位)工程质量竣工验收记录》(表C.8.2-1)。

(2)《单位(子单位)工程质量控制资料核查记录》(表C.8.2-2)。

(3)《单位(子单位)工程安全和功能检验资料核查及主要功能抽查记录》(表C.8.2-3)。

(4)《单位(子单位)工程观感质量抽查记录》(表C.8.2-4)。

2. 审查意见

由总监理工程师组织专业监理工程师按现行的单位(子单位)工程竣工验收的有关规定逐项进行核查,并对工程质量进行验收,根据核查和验收结果,全部符合要求的,给出"全部""完整""符合"的结论;否则给出"未全部""不完整""不符合"的结论,并向施工单位列出符合、不符合项目的理由和要求。

《单位(子单位)工程竣工预验收报验表》填写样式见表2-75。

表2-75 单位(子单位)工程竣工预验收报验表(表C.8.1)

工程名称	××市第一中学教学楼	编号	××××××

致 ××市建设工程监理公司 (监理单位)

我方已按合同要求完成了 ××市第一中学教学楼 工程,经自检合格,请予以检查和验收。

附:竣工验收有关资料
1. 单位(子单位)工程质量竣工验收记录。
2. 单位(子单位)工程质量控制资料核查记录。
3. 单位(子单位)工程安全和功能检验资料核查及主要功能抽查记录。
4. 单位(子单位)工程观感质量检查记录。

施工总承包单位(章):××市第一建筑工程公司
项目经理:×××
日期:20××年×月×日

续表

审查意见：

经预验收，该工程：
 1. 符合/不符合我国现行法律、法规要求；
 2. 符合/不符合我国现行工程建设标准；
 3. 符合/不符合设计文件要求；
 4. 符合/不符合施工合同要求。
 综上所述，该工程预验收合格/不合格，可以/不可以组织正式验收。
 	
                监理单位：××市建设工程监理公司
                总监理工程师：×××
                日期：20××年×月×日

本表由施工单位填报，一式四份，建设单位、监理单位、施工单位、城建档案馆各保存一份。

二、单位(子单位)工程竣工预验收报验表附表

进行单位(子单位)工程竣工预验收时，施工单位应同时填写《单位(子单位)工程质量竣工验收记录》(表C.8.2-1)、《单位(子单位)工程质量控制资料核查记录》(表C.8.2-2)、《单位(子单位)工程安全和功能检验资料核查及主要功能抽查记录》(表C.8.2-3)、《单位(子单位)工程观感质量检查记录》(表C.8.2-3)，作为《单位(子单位)工程竣工预验收报验表》的附表。

(一)验收内容

1. 验收内容之一是"分部工程"，对所含分部工程逐项检查

这项内容有专门的验收表格(表C.8.2-1)。首先由施工单位的项目经理组织有关人员对分部(子分部)逐个进行检查评定。所含分部(子分部)工程检查合格后，由项目经理提交验收。经验收组成员验收后，由施工单位填写"验收记录"栏。

注明共验收几个分部，经验收符合标准及设计要求的几个分部。审查验收的分部工程全部符合要求，由监理单位在"验收结论"栏内写上"同意验收"的结论。

《单位(子单位)工程质量竣工验收记录》填写样式见表2-76。

2. 验收内容之二是"质量控制资料核查"

这项内容有专门的验收表格(表C.8.2-2)。也是先由施工单位检查合格，再提交监理单位验收。其全部内容在分部(子分部)工程中已经审查。通常单位(子单位)工程质量控制资料核查，也是按分部(子分部)工程逐项检查和审查。如果一个分部工程只有一个子分部工程时，子分部工程就是分部工程；如果有多个子分部工程时，可一个子分部一个子分部地检查和审查，并将所含子分部工程的名称依次填写在下边。

然后将各子分部工程审查的资料逐项进行统计,填入"份数"栏。无论共有多少项资料,经审查都应符合要求,如果出现有核定的项目时,应查明情兄,严禁验收的事件,一般不会留在单位工程来处理。

这项也是先由施工单位自行检查评定合格后,提交验收,由总监理工程师或建设单位项目负责人组织审查,符合要求后,在"核查意见"栏内写上"满足要求"的意见。

《单位(子单位)工程质量控制资料核查记录》填写样式见表 2-77。

3. 验收内容之三是"安全和主要使用功能核查及抽查结果"

这项内容有专门的验收表格(表 C.8.2-3)。这个项目包括两个方面的内容:一是在分部(子分部)进行了安全和功能检测的项目,要核查其检测报告结论是否符合设计要求;二是在单位工程进行的安全和功能抽测项目,要核查其项目是否与设计内容一致,抽测的程序、方法是否符合有关规定,抽测报告的结论是否达到设计要求及规范规定。

这个项目也是由施工单位检查评定合格,再提交验收,由总监理工程师或建设单位项目负责人组织审查,程序内容基本是一致的。按项目逐个进行核查验收,然后统计核查的项数和抽查的项数,填入"份数"栏,并分别统计符合要求的项数,填入验收记录栏相应的空档内。通常两个项数是一致的,如果个别项目的抽测结果达不到设计要求,则可以进行返工处理,直至达到符合要求。如果返工处理后仍达不到设计要求,就要按不合格处理程序进行处理。然后,由总监理工程师或建设单位项目负责人在"核查意见"和"抽查结果"栏内填写"满足要求"的结论。

《单位(子单位)工程安全和功能检验资料核查及主要功能抽查记录》填写样式见表 2-78。

4. 验收内容之四是"观感质量验收"

这项内容有专门的验收表格(表 C.8.2-4)。观感质量检查的方法同分部(子分部)工程相似,不同的是项目比较多,是一个综合性验收。实际是复查一下各分部(子分部)工程验收后,到单位工程竣工的质量变化、成品保护以及分部(子分部)工程验收时,还没有形成部分的观感质量等。

这个项目也是先由施工单位检查评定合格,提交验收。由总监理工程师或建设单位项目负责人在"检查结论"栏内填写"同意验收"的结论。如果有不符合要求的项目,就要按不合格处理程序进行处理。

《单位(子单位)工程观感质量检查记录》填写样式见表 2-79。

5. 验收内容之五是"综合验收结论"

综合验收是指在前四项内容均验收符合要求后进行的验收。验收时,在建设单位组织下,由建设单位相关专业人员、监理单位专业监理工程师、设计单位、施工单位相关人员分别核查验收有关项目,并由总监理工程师组织进行现场观感质量检查。

以上各项目经审查符合要求后,由监理单位或建设单位在"验收结论"栏内填写"同意验收"的意见。各栏均同意验收且经各参加检验方共同同意商定后,由建设单位填写"综合验收结论",可填写为"通过验收"。

(二)参加验收单位签名

勘察单位、设计单位、施工单位、监理单位、建设单位都同意验收时,各单位的项目负责人要亲自签字,以示对工程质量负责,并加盖单位公章,注明签字验收的年、月、日。

表 2-76 单位(子单位)工程质量竣工验收记录(C.8.2-1)

工程名称	××市第一中学教学楼	结构类型	框架	层数/建筑面积	6/6 545.6 m²
施工单位	××市第一建筑工程公司	技术负责人	×××	开工日期	20××年×月×日
项目经理	×××	项目技术负责人	×××	竣工日期	20××年×月×日
序号	项目	验收记录		验收结论	
1	分部工程	共9分部,经查9分部 符合标准及设计要求9分部		同意验收	
2	质量控制资料核查	共125项,经核定符合规范要求125项, 经核定不符合规范要求0项		同意验收	
3	安全和主要使用功能核查及抽查结果	共核查8项,符合要求8项, 共抽查6项,符合要求6项, 经返工处理符合要求0项		同意验收	
4	观感质量验收	共抽查25项,符合要求25项, 不符合要求0项		同意验收	
5	综合验收结论	通过验收			
参加验收单位	建设单位 (公章) 单位(项目)负责人: ××× 2015年10月18日	监理单位 (公章) 总监理工程师: ××× 20××年×月×日		施工单位 (公章) 单位技术负责人: ××× 20××年×月×日	设计单位 (公章) 单位(项目)负责人: ××× 20××年×月×日
本表由施工单位填写,一式五份,建设单位、监理单位、施工单位、设计单位、城建档案馆各保存一份。					

表 2-77 单位(子单位)工程质量控制资料核查记录(表 C.8.2-2)

工程名称		××市第一中学教学楼	施工单位	××市第一建筑工程公司	
序号	项目	资料名称	份数	核查意见	核查人
1	建筑与结构	图纸会审记录、设计变更通知单、工程洽商记录(技术核定单)	12	满足要求	××
2		工程定位测量、放线记录	5	满足要求	××
3		原材料出厂合格证书及进场检(试)验报告	78	满足要求	××
4		施工试验报告及见证检测报告	…	…	…
5		隐蔽工程验收记录			
6		施工记录			
7		预制构件、预拌混凝土合格证			
8		地基、基础、主体结构检验及抽样检测资料			
9		分项、分部工程质量验收记录			
10		工程质量事故及事故调查处理资料			
11		新材料、新工艺施工记录			
1	给水排水与采暖	图纸会审记录、设计变更通知单、工程洽商记录(技术核定单)			
2		材料、配件出厂合格证及进场检(试)验报告			
3		管道、设备强度试验和严密性试验记录			
4		隐蔽工程验收记录			
5		系统清洗、灌水、通水、通球试验记录			
6		施工记录			
7		分项、分部工程质量验收记录			
1	建筑电气	图纸会审记录、设计变更通知单、工程洽商记录(技术核定单)			
2		材料、设备出厂合格证及进场检(试)验报告			
3		设备调试记录			
4		接地、绝缘电阻测试记录			
5		隐蔽工程验收记录			
6		施工记录			
7		分项、分部工程质量验收记录			
1	通风与空调	图纸会审记录、设计变更通知单、工程洽商记录(技术核定单)			
2		材料、设备出厂合格证及进场检(试)验报告			
3		制冷、空调、水管道强度试验及严密性试验记录			
4		隐蔽工程验收记录			
5		制冷设备运行调试记录			
6		通风、空调系统调试记录			
7		施工记录			
8		分项、分部工程质量验收记录			

续表

序号	项目	资料名称	份数	核查意见	核查人
1	电梯	图纸会审记录、设计变更通知单、工程洽商记录(技术核定单)			
2		设备出厂合格证书及开箱检验记录			
3		隐蔽工程验收记录			
4		施工记录			
5		接地、绝缘电阻测试记录			
6		负荷试验、安全装置检查记录			
7		分项、分部工程质量验收记录			
1	智能建筑	图纸会审、设计变更、工程洽商记录(技术核定单)、竣工图及设计说明			
2		材料、设备出厂合格证、技术文件及进场检(试)验报告			
3		隐蔽工程验收记录			
4		系统功能测定及设备调试记录			
5		系统技术、操作和维护手册			
6		系统管理、操作人员培训记录			
7		系统检测报告			
8		分项、分部工程质量验收记录			

结论：

符合施工质量验收规范的规定，同意验收。

施工总承包单位项目经理：××   总监理工程师或建设单位项目负责人：×××

20××年×月×日   20××年×月×日

本表由施工单位填写，一式四份，建设单位、监理单位、施工单位、城建档案馆各保存一份。

表 2-78　单位(子单位)工程安全和功能检验资料核查及主要功能抽查记录(表 C.8.2-3)

工程名称		××市第一中学教学楼		施工单位		××市第一建筑工程公司
序号	项目	安全和功能检查项目	份数	核查意见	抽查结果	核查(抽查)人
1	建筑与结构	屋面淋水试验记录	1	满足要求	满足要求	×××
2		地下室防水效果检查记录	30	满足要求	满足要求	
3		有防水要求的地面蓄水试验记录	30	满足要求	满足要求	
4		建筑物垂直度、标高、全高测量记录	…	…	…	
5		抽气(风)道检查记录				
6		幕墙及外窗气密性、水密性、耐风压检测报告				
7		建筑物沉降观测测量记录				
8		节能、保温测试记录				
9		室内环境检测报告				

续表

序号	项目	安全和功能检查项目	份数	核查意见	抽查结果	核查(抽查)人
1	给水排水与采暖	给水管道通水试验记录				
2		暖气管道、散热器压力试验记录				
3		卫生器具满水试验记录				
4		消防管道、燃气管道压力试验记录				
5		排水干管通球试验记录				
1	电气	照明全负荷试验记录				
2		大型灯具牢固性试验记录				
3		避雷接地电阻测试记录				
4		线路、插座、开关接地检验记录				
1	通风与空调	通风、空调系统试运行记录				
2		风量、温度测试记录				
3		洁净室洁净度测试记录				
4		制冷机组试运行调试记录				
1	电梯	电梯运行记录				
2		电梯安全装置检测报告				
1	智能建筑	系统试运行记录				
2		系统电源及接地检测报告				

结论：
符合施工质量验收规范的规定，同意验收。

施工总承包单位项目经理：×××　　　　　　　　总监理工程师或建设单位项目负责人：×××
　　20××年×月×日　　　　　　　　　　　　　　　　20××年×月×日

本表由施工单位填写，一式四份，建设单位、监理单位、施工单位、城建档案馆各保存一份。

表 2-79　单位(子单位)工程观感质量检查记录(表 C.8.2-4)

工程名称		××市第一中学教学楼					施工单位				××市第一建筑工程公司		
序号		项　目				抽查质量状况					质量评价		
											好	一般	差
1	建筑与结构	室外墙面	√	√	√	√	×	√	√	√	√	√		
2		变形缝												
3		水落管、屋面	√	√	×	×	√	√	√	√	√		√	
4		室内墙面	…	…	…	…	…	…	…	…	…	…	…	…
5		室内顶棚												
6		室内地面												
7		楼梯、踏步、护栏												
8		门窗												

续表

序号	项 目		抽查质量状况	质量评价		
				好	一般	差
1	给水排水与采暖	管道接口、坡度、支架				
2		卫生器具、支架、阀门				
3		检查口、扫除口、地漏				
4		散热器、支架				
1	建筑电气	配电箱、盘、板、接线盒				
2		设备器具、开关、插座				
3		防雷、接地				
1	通风与空调	风管、支架				
2		风口、风阀				
3		风机、空调设备				
4		阀门、支架				
5		水泵、冷却塔				
6		绝热				
1	电梯	运行、平层、开关门				
2		层门、信号系统				
3		机房				
1	智能建筑	机房设备安装及布局				
2		现场设备安装				
观感质量综合评价			满足施工质量验收规范要求。			
检查结论		符合施工质量验收规范的规定，同意验收。 施工总承包单位项目经理：×××　　　总监理工程师或建设单位项目负责人：××× 　　　　　　20××年×月×日　　　　　　　　　　　　　　20××年×月×日				

本表由施工单位填写，一式四份，建设单位、监理单位、施工单位、城建档案馆各保存一份。

三、施工资料移交书

工程完工后，施工总承包单位应将整理好的施工资料向建设单位移交，并按要求填写《施工资料移交书》，双方签字盖章。

施工资料的移交应符合下列条件：
(1)工程完工，并具备竣工验收条件。
(2)移交资料内容完整、真实，整理规范，符合相关要求。
《施工资料移交书》填写样式见表2-80。

表 2-80　施工资料移交书

工程名称	××市第一中学教学楼	编号	××××××

致：　××市第一中学　（建设单位）

我方现将　××市第一中学教学楼　工程的施工资料移交给贵方，请予以审查、接收。

附：
1. 工程施工资料清单。
2. 工程施工资料整理归档文件。

施工总承包单位：××市第一建筑工程公司
技术负责人：×××
日　　期：20××年×月×日

建设单位审查、接收意见：

同意接收。

建设单位：××市第一中学
接 收 人：×××
日　　　期：20××年×月×日

本表由施工单位填写，一式两份，建设单位、施工单位各保存一份。

本章小结

建筑工程技术资料是城建档案的重要组成部分，是建筑工程进行竣工验收和竣工核定的必要条件，也是对工程进行检查、维修、管理、使用、改建的重要依据。建筑工程施工技术资料全面反映了建筑工程的质量状况，是建设工程施工质量的重要组成部分。本章主要包括施工管理文件、施工技术文件、进度造价文件、施工物资文件、施工记录文件、施工试验记录及检测文件、施工质量验收文件、施工竣工验收文件等。

思考与练习

1. 图纸会审记录的填写要求有哪些？
2. 什么情况下需要填写工程洽商记录？
3. 《施工现场质量管理检查记录》中，主要专业工种上岗证书包括哪些工种？现场质量管理制度包括哪些内容？

4.《工程定位测量记录》中，坐标依据是什么？高程依据是什么？定位示意图中应画出的内容是什么？

5. 砂浆抗压强度统计评定的要求是什么？

6. 混凝土试件抗压强度统计评定的要求是什么？

7. 混凝土试件抗压强度统计评定的方法有哪些？

8. 隐蔽工程检查验收的部位有哪些？

9. 沉降观测时，选择观测点要满足什么规定？在施工期间，怎样确定观测次数？交工后怎样确定观测次数？每次观测工程进度状态一栏中填写什么？

推荐阅读

如何做好建筑工程的施工资料管理

建筑工程施工资料是单位工程施工全过程的原始资料，是反映工程隐蔽后内在的质量凭证。一旦发生某些工程事故，它不仅能为事故调查和正确处理提供有力的依据，也是工程使用过程中维修、扩建、改建等的重要参考资料。做好工程施工资料管理工作，对保证工程结构安全和使用功能、提高工程质量有着十分重要的意义。

1. 必须及时做好资料记录和收集工作

施工资料是对建筑实物质量情况的真实反映，因此，要求各种资料必须按照建筑物施工的进度及时收集、整理。建筑工程所用钢材、水泥、砖、防水材料等一些重要原材料和构配件的质量一般是从检查出厂合格证，以及材料取样试验情况加以认可，但由于当前市场机制不完善，许多材料需要经过好几手转售，使得合格证和试验报告不能与原材料同步到位，由于施工人员没有及时收集资料，待工程竣工时，才发现缺少某种材料合格证或试验报告。因此，在承建工程开工之时，就应该指定专人负责管理工程资料，负责对质保资料逐项跟踪收集，并及时做好分项分部质量评定等各种原始记录，使资料的整理与工程形象进度同步，做到内容连贯、交圈对口。

2. 确保各种资料的真实性

真实性是做好工程施工资料的灵魂，不真实的资料会把我们引入误区。必须坚决杜绝对原始记录采用"后补"造假的做法，尤其是混凝土与砂浆强度检测。混凝土、砂浆强度是以随机抽样方法进行抽取试块检验评定的，取样的科学性和真实性非常重要，绝对不允许对制作试块的样料"专门加工"，否则，一旦工程出了质量问题，不仅不能作为资料使用，反而造成工程资料混乱，以致误判。同时，也不能为了取得较高的工程质量等级而歪曲事实，资料的整理必须实事求是、客观准确。

3. 资料必须完整

不完整的施工资料将会导致片面性，不能系统地、全面地了解单位工程的质量状况。施工资料中容易忽略的有：刚性防水屋面细石混凝土强度试块、楼地面基层混凝土强度试块、抗渗用混凝土试块、楼地面面层水泥砂浆试块。如果缺少这几部分混凝土、砂浆试块强度，不但使工程资料不完整，而且给准确核定工程质量等级增加了难度。

模块三　建筑工程技术资料归档整理

职业能力

(1)明确建筑工程技术资料归档的范围。
(2)按照规范规定的要求进行建筑工程技术资料的归档、组卷、移交。

学习要求

(1)了解建筑工程技术资料的组卷规定。
(2)熟悉建筑工程技术资料的验收与移交。
(3)掌握建筑工程技术资料的归档范围、质量要求。

建筑工程技术资料的归档是指形成工程技术资料的单位,在完成工作任务后,将形成的资料整理、立卷,按规定移交档案管理机构的整个过程。

归档包括两个方面的含义:一是建设、勘察、设计、施工、监理等单位将本单位在工程建设过程中形成的资料向本单位档案管理机构移交;二是勘察、设计、施工、监理等单位将本单位在工程建设过程中形成的资料向建设单位移交,由建设单位向当地城建档案管理机构移交。

工程档案一般不少于两套,一套由建设单位保管;另一套(原件)移交当地城建档案馆(室)。

课题一　建筑工程技术资料归档范围与质量要求

一、归档范围

针对工程建设有关的重要活动,记载工程建设主要过程和现状,具有保存价值的各种载体的文件,均应收集齐全、整理立卷后归档,见表3-1。

表 3-1 工程资料类别、来源及保存

序号	工程资料名称	工程资料来源	施工单位	监理单位	建设单位	城建档案馆
\multicolumn{7}{c}{工程准备阶段文件（A类）}						
一	决策立项文件（A1）					
1	项目建议书	建设单位			●	●
2	项目建议书的批复文件	建设行政管理部门			●	●
3	可行性研究报告及附件	建设单位			●	●
4	可行性研究报告批复文件	建设行政管理部门			●	●
5	关于立项的会议纪要、领导讲话	建设单位			●	●
6	工程立项的专家建议资料	建设单位			●	●
7	项目评估研究资料	建设单位			●	●
二	建设用地文件（A2）					
1	选址申请及选址规划意见通知书	建设单位规划部门			●	●
2	建设用地批准文件	土地行政管理部门			●	●
3	拆迁安置意见、协议、方案等	建设单位			●	●
4	建设用地规划许可证及其附件	规划行政管理部门			●	●
5	国有土地使用证	土地行政管理部门			●	●
6	划拨建设用地文件	土地行政管理部门			●	●
三	勘察、设计文件（A3）					
1	岩土工程勘察报告	勘察单位	●	●	●	●
2	建设用地钉桩通知书	规划行政管理部门	●		●	●
3	地形测量和拨地测量成果报告	测绘单位			●	●
4	审定设计方案通知书及审查意见	规划行政管理部门			●	●
5	审定设计方案通知书要求征求有关部门的审查意见	有关部门			●	●
6	初步设计图及设计说明	设计单位			●	
7	消防设计审核意见	公安机关消防机构	○	○	●	
8	施工图设计文件审查通知书及审查报告	施工图审查机构	○	○	●	
9	施工图及设计说明	设计单位	○	○	●	
四	招投标及合同文件（A4）					
1	勘察招投标文件	建设单位 / 勘察单位			●	
2	勘察合同*	建设单位 / 勘察单位			●	●
3	设计招投标文件	建设单位 / 设计单位			●	

续表

序号	工程资料名称	工程资料来源	工程资料保存 施工单位	工程资料保存 监理单位	工程资料保存 建设单位	工程资料保存 城建档案馆
4	设计合同*	建设单位 设计单位			●	●
5	监理招投标文件	建设单位 监理单位		●	●	
6	委托监理合同*	建设单位 监理单位		●	●	●
7	施工招投标文件	建设单位 施工单位	●	○	●	
8	施工合同*	建设单位 施工单位	●	○	●	●
五	开工文件(A5)					
1	建设项目列入年度计划的申报文件	建设单位			●	●
2	建设项目列入年度计划的批复文件或年度计划项目表	建设行政管理部门			●	●
3	规划审批申报表及报送的文件和图纸	建设单位 设计单位			●	
4	建设工程规划许可证及其附件	规划部门			●	●
5	建设工程施工许可证或开工报告	建设行政管理部门	●	●	●	
6	工程质量安全监督注册登记	质量监督机构	○	○		
7	工程开工前的原貌影像资料	建设单位	●	●	●	●
8	施工现场移交单	建设单位	○	○	○	
六	商务文件(A6)					
1	工程投资估算资料	建设单位			●	
2	工程设计概算资料	建设单位			●	
3	工程施工图预算资料	建设单位			●	
七	A类其他资料					
		监理资料(B类)				
一	监理管理资料(B1)					
1	监理规划	监理单位		●	●	●
2	监理实施细则	监理单位	○	●	●	●
3	监理月报	监理单位		●	●	
4	监理会议纪要	监理单位	○	●	●	
5	监理工作日志	监理单位		●		
6	监理工作总结	监理单位	●	●	●	

续表

序号	工程资料名称	工程资料来源	工程资料保存 施工单位	监理单位	建设单位	城建档案馆
7	工作联系单(表B.1.1)	监理单位 施工单位	○	○		
8	监理工程师通知(表B.1.2)	监理单位	○	○		
9	监理工程师通知回复单*(表C.1.7)	施工单位	○	○		
10	工程暂停令(表B.1.3)	监理单位	○	○	○	●
11	工程复工报审表*(表C.3.2)	施工单位	●	●	●	●
二	进度控制资料(B2)					
1	工程开工报审表*(表C.3.1)	施工单位	●	●	●	●
2	施工进度计划报审表*(表C.3.3)	施工单位	○	○		
三	质量控制资料(B3)					
1	质量事故报告及处理资料	施工单位	●	●	●	●
2	旁站监理记录*(表B.3.1)	监理单位	○	●	●	
3	见证取样和送检见证人备案表(表B.3.2)	监理单位 或建设单位	●	●	●	
4	见证记录*(表B.3.3)	监理单位	●	●	●	
5	工程技术文件报审表*(表C.2.1)	施工单位	○	○		
四	造价控制资料(B4)					
1	工程款支付申请表(表C.3.6)	施工单位	○	○	●	
2	工程款支付证书(表B.4.1)	监理单位	○	○	●	
3	工程变更费用报审表*	施工单位	●	●	●	
4	费用索赔申请表	施工单位	●	●	●	
5	费用索赔审批表(表B.4.2)	监理单位	○	○	●	
五	合同管理资料(B5)					
1	委托监理合同*	监理单位		●	●	●
2	工程延期申请表(表C.3.5)	施工单位	●	●	●	
3	工程延期审批表(表B.5.1)	监理单位	●	●	●	
4	分包单位资质报审表*(表C.1.3)	施工单位	●	●	●	
六	竣工验收资料(B6)					
1	单位(子单位)工程竣工预验收报验表*	施工单位	●	●	●	
2	单位(子单位)工程质量竣工验收记录**	施工单位	●	●	●	●
3	单位(子单位)工程质量控制资料核查记录*	施工单位	●	●	●	●
4	单位(子单位)工程安全和功能检验资料核查及主要功能抽查记录*	施工单位	●	●	●	●
5	单位(子单位)工程观感质量检查记录*	施工单位	●	●	●	●
6	工程质量评估报告	监理单位	●	●	●	●

· 118 ·

续表

序号	工程资料名称	工程资料来源	施工单位	监理单位	建设单位	城建档案馆
7	监理费用决算资料	监理单位		○	●	
8	监理资料移交书	监理单位		●	●	
七	B类其他资料					
施工资料(C类)							
一	施工管理资料(C1)					
1	工程概况表(表C.1.1)	施工单位	●	●	●	●
2	施工现场质量管理检查记录*(表C.1.2)	施工单位	○	○		
3	企业资质证书及相关专业人员岗位证书	施工单位	○	○		
4	分包单位资质报审表*(表C.1.3)	施工单位	●	●	●	
5	建设工程质量事故调查、勘查记录(表C.1.4)	调查单位	●	●	●	●
6	建设工程质量事故报告书	调查单位	●	●	●	●
7	施工检测计划	施工单位	○	○		
8	见证记录*	监理单位	●	●	●	
9	见证试验检测汇总表(表C.1.5)	施工单位	●	●		
10	施工日志(表C.1.6)	施工单位	●			
11	监理工程师通知回复单*(表C.1.7)	施工单位	○	○		
二	施工技术资料(C2)					
1	工程技术文件报审表*(表C.2.1)	施工单位	○	○		
2	施工组织设计及施工方案	施工单位	○	○		
3	危险性较大分部分项工程施工方案专家论证表(表C.2.2)	施工单位	○			
4	技术交底记录(表C.2.3)	施工单位	○			
5	图纸会审记录**(表C.2.4)	施工单位	●	●	●	●
6	设计变更通知单**(表C.2.5)	设计单位	●	●	●	●
7	工程洽商记录(技术核定单)**(表C.2.6)	施工单位	●	●	●	●
三	进度造价资料(C3)					
1	工程开工报审表*(表C.3.1)	施工单位	●	●	●	●
2	工程复工报审表*(表C.3.2)	施工单位	●	●	●	
3	施工进度计划报审表*(表C.3.3)	施工单位	○	○		
4	施工进度计划	施工单位	○	○		
5	人、机、料动态表(表C.3.4)	施工单位	○	○		
6	工程延期申请表(表C.3.5)	施工单位	●	●	●	●
7	工程款支付申请表(表C.3.6)	施工单位	○	○	●	
8	工程变更费用报审表(表C.3.7)	施工单位	○	○	●	
9	费用索赔申请表*(表C.3.8)	施工单位	○	○	●	

119

续表

序号	工程资料名称	工程资料来源	施工单位	监理单位	建设单位	城建档案馆
四	施工物资资料(C4)					
\multicolumn{7}{c}{出厂质量证明文件及检测报告}
1	砂、石、砖、水泥、钢筋、隔热保温、防腐材料、轻集料出厂质量证明文件	施工单位	●	●	●	●
2	其他物资出厂合格证、质量保证书、检测报告和报关单或商检证等	施工单位	●	○	○	
3	材料、设备的相关检验报告、型式检测报告、3C强制认证合格证书或3C标志	采购单位	●	○	○	
4	主要设备、器具的安装使用说明书	采购单位	●	○	○	
5	进口的主要材料设备的商检证明文件	采购单位	●	○	●	●
6	涉及消防、安全、卫生、环保、节能的材料、设备的检测报告或法定机构出具的有效证明文件	采购单位	●	●	●	
\multicolumn{7}{c}{进场检验通用表格}
1	材料、构配件进场检验记录*(表C.4.1)	施工单位	○	○		
2	设备开箱检验记录*(表C.4.2)	施工单位	○	○		
3	设备及管道附件试验记录*(表C.4.3)	施工单位	●	○	●	
\multicolumn{7}{c}{进场复试报告}
1	钢材试验报告	检测单位	●	●	●	●
2	水泥试验报告	检测单位	●	●	●	●
3	砂试验报告	检测单位	●	●	●	
4	碎(卵)石试验报告	检测单位	●	●	●	
5	外加剂试验报告	检测单位	●	●	○	
6	防水涂料试验报告	检测单位	●	●		
7	防水卷材试验报告	检测单位	●	○		
8	砖(砌块)试验报告	检测单位	●	●		
9	预应力筋复试报告	检测单位	●	●		
10	预应力锚具、夹具和连接器复试报告	检测单位	●	●		
11	装饰装修用门窗复试报告	检测单位	●	○		
12	装饰装修用人造木板复试报告	检测单位	●	○		
13	装饰装修用花岗石复试报告	检测单位	●	○		
14	装饰装修用安全玻璃复试报告	检测单位	●	○		
15	装饰装修用外墙面砖复试报告	检测单位	●	○		
16	钢结构用钢材复试报告	检测单位	●	●	●	●

续表

序号	工程资料名称	工程资料来源	工程资料保存			
			施工单位	监理单位	建设单位	城建档案馆
17	钢结构用防火涂料复试报告	检测单位	●	●	●	●
18	钢结构用焊接材料复试报告	检测单位	●	●	●	●
19	钢结构用高强度大六角头螺栓连接副复试报告	检测单位	●	●	●	●
20	钢结构用扭剪型高强度螺栓连接副复试报告	检测单位	●	●	●	●
21	幕墙用铝塑板、石材、玻璃、结构胶复试报告	检测单位	●	●	●	●
22	散热器、采暖系统保温材料、通风与空调工程绝热材料、风机盘管机组、低压配电系统电缆的见证取样复试报告	检测单位	●	○	●	●
23	节能工程材料复试报告	检测单位	●	●	●	●
五	施工记录(C5)					
	通用表格					
1	隐蔽工程验收记录＊(表C.5.1)	施工单位	●	●	●	●
2	施工检查记录(表C.5.2)	施工单位	○			
3	交接检查记录(表C.5.3)	施工单位	○			
	专用表格					
1	工程定位测量记录＊(表C.5.4)	施工单位	●	●	●	●
2	基槽验线记录	施工单位	●	●	●	●
3	楼层平面放线记录	施工单位	○	○		
4	楼层标高抄测记录	施工单位	○	○		
5	建筑物垂直度、标高观测记录＊(表C.5.5)	施工单位	●	●	●	
6	沉降观测记录	建设单位委托测量单位提供	●		●	●
7	基坑支护水平位移监测记录	施工单位	○	○		
8	桩基、支护测量放线记录	施工单位	○	○		
9	地基验槽记录＊＊(表C.5.6)	施工单位	●	●	●	●
10	地基钎探记录	施工单位	○		●	●
11	混凝土浇灌申请书	施工单位	○			
12	预拌混凝土运输单	施工单位	○			
13	混凝土开盘鉴定	施工单位	○	○		
14	混凝土拆模申请单	施工单位	○	○		
15	混凝土预拌测温记录	施工单位	○			
16	混凝土养护测温记录	施工单位	○			
17	大体积混凝土养护测温记录	施工单位	○			
18	大型构件吊装记录	施工单位	○	○	●	●

续表

序号	工程资料名称	工程资料来源	施工单位	监理单位	建设单位	城建档案馆
19	焊接材料烘焙记录	施工单位	●	○		
20	地下工程防水效果检查记录＊(表C.5.7)	施工单位	●	○	●	
21	防水工程试水检查记录＊(表C.5.8)	施工单位	●	○	●	
22	通风道、烟道、垃圾道检查记录＊(表C.5.9)	施工单位	●	○	●	
23	预应力筋张拉记录	施工单位	●	○	●	●
24	有粘结预应力结构灌浆记录	施工单位	●	○	●	●
25	钢结构施工记录	施工单位	●	○	●	●
26	网架(索膜)施工记录	施工单位	●	○	●	●
27	木结构施工记录	施工单位	●	○	●	●
28	幕墙注胶检查记录	施工单位	●	○	●	
29	自动扶梯、自动人行道的相邻区域检查记录	施工单位	●	○	●	
30	电梯电气装置安装检查记录	施工单位	●	○	●	
31	自动扶梯、自动人行道电气装置检查记录	施工单位	●	○	●	
32	自动扶梯、自动人行道整机安装质量检查记录	施工单位	●	○	●	
六	施工试验记录及检测报告(C6)					
	通用表格					
1	设备单机试运转记录＊(表C.6.1)	施工单位	●	○	●	●
2	系统试运转调试记录＊(表C.6.2)	施工单位	●	○	●	●
3	接地电阻测试记录＊(表C.6.3)	施工单位	●	○	●	●
4	绝缘电阻测试记录＊(表C.6.4)	施工单位	●	○	●	
	专用表格(建筑与结构工程)					
1	锚杆试验报告	检测单位	●	○	●	●
2	地基承载力检验报告	检测单位	●	○	●	●
3	桩基检测报告	检测单位	●	○	●	●
4	土工击实试验报告	检测单位	●	○	●	●
5	回填土试验报告(应附图)	检测单位	●	○	●	●
6	钢筋机械连接试验报告	检测单位	●	○	●	●
7	钢筋焊接连接试验报告	检测单位	●	○	●	●
8	砂浆配合比申请单、通知单	施工单位	○	○		
9	砂浆抗压强度试验报告	检测单位	●	○	●	●
10	砌筑砂浆试块强度统计、评定记录(表C.6.5)	施工单位	●		●	●
11	混凝土配合比申请单、通知单	施工单位	○	○		
12	混凝土抗压强度试验报告	检测单位	●	○	●	●
13	混凝土试块强度统计、评定记录(表C.6.6)	施工单位	●		●	●
14	混凝土抗渗试验报告	检测单位	●	○	●	●

续表

序号	工程资料名称	工程资料来源	工程资料保存 施工单位	工程资料保存 监理单位	工程资料保存 建设单位	工程资料保存 城建档案馆
15	砂、石、水泥放射性指标报告	施工单位	●	○	●	●
16	混凝土碱含量计算书	施工单位	●	○	●	●
17	外墙饰面砖样板粘结强度试验报告	检测单位	●	○	●	●
18	后置埋件抗拔试验报告	检测单位	●	○	●	●
19	超声波探伤报告、探伤记录	检测单位	●	○	●	●
20	钢构件射线探伤报告	检测单位	●	○	●	●
21	磁粉探伤报告	检测单位	●	○	●	●
22	高强度螺栓抗滑移系数检测报告	检测单位	●	○	●	●
23	钢结构焊接工艺评定	检测单位	○	○		
24	网架节点承载力试验报告	检测单位	●	○	●	●
25	钢结构防腐、防火涂料厚度检测报告	检测单位	●	○	●	●
26	木结构胶缝试验报告	检测单位	●	○	●	●
27	木结构构件力学性能试验报告	检测单位	●	○	●	●
28	木结构防护剂试验报告	检测单位	●	○	●	●
29	幕墙双组分硅酮结构密封胶混匀性及拉断试验报告	检测单位	●	○	●	●
30	幕墙的抗风压性能、空气渗透性能、雨水渗透性能及平面内变形性能检测报告	检测单位	●	○	●	●
31	外门窗的抗风压性能、空气渗透性能和雨水渗透性能检测报告	检测单位	●	○	●	●
32	墙体节能工程保温板材与基层粘结强度现场拉拔试验	检测单位	●	○	●	●
33	外墙保温浆料同条件养护试件试验报告	检测单位	●	○	●	●
34	结构实体混凝土强度检验记录＊(表C.6.7)	施工单位	●	○	●	●
35	结构实体钢筋保护层厚度检验记录＊（表C.6.8)	施工单位	●	○	●	●
36	围护结构现场实体检验	检测单位	●	○	●	●
37	室内环境检测报告	检测单位	●	○	●	●
38	节能性能检测报告	检测单位	●	○	●	●
	专用表格(给水排水及采暖工程)——略					
	专用表格(建筑电气工程)——略					
	专用表格(智能建筑工程)——略					
	专用表格(通风与空调工程)——略					
	专用表格(电梯工程)——略					
七	施工质量验收记录(C7)					

续表

序号	工程资料名称	工程资料来源	工程资料保存			
			施工单位	监理单位	建设单位	城建档案馆
1	检验批质量验收记录＊(表C.7.1)	施工单位	○	○	●	
2	分项工程质量验收记录＊(表C.7.2)	施工单位	●	●	●	
3	分部(子分部)工程质量验收记录＊＊(表C.7.3)	施工单位	●	●	●	●
4	建筑节能分部工程质量验收记录＊＊(表C.7.4)	施工单位	●	●	●	●
5	自动喷水系统验收缺陷项目划分记录	施工单位	●	○	○	
6	程控电话交换系统分项工程质量验收记录	施工单位	●	○	●	
7	会议电视系统分项工程质量验收记录	施工单位	●	○	●	
8	卫星数字电视系统分项工程质量验收记录	施工单位	●	○	●	
9	有线电视系统分项工程质量验收记录	施工单位	●	○	●	
10	公共广播与紧急广播系统分项工程质量验收记录	施工单位	●	○	●	
11	计算机网络系统分项工程质量验收记录	施工单位	●	○	●	
12	应用软件系统分项工程质量验收记录	施工单位	●	○	●	
13	网络安全系统分项工程质量验收记录	施工单位	●	○	●	
14	空调与通风系统分项工程质量验收记录	施工单位	●	○	●	
15	变配电系统分项工程质量验收记录	施工单位	●	○	●	
16	公共照明系统分项工程质量验收记录	施工单位	●	○	●	
17	给水排水系统分项工程质量验收记录	施工单位	●	○	●	
18	热源和热交换系统分项工程质量验收记录	施工单位	●	○	●	
19	冷冻和冷却水系统分项工程质量验收记录	施工单位	●	○	●	
20	电梯和自动扶梯系统分项工程质量验收记录	施工单位	●	○	●	
21	数据通信接口分项工程质量验收记录	施工单位	●	○	●	
22	中央管理工作站及操作分站分项工程质量验收记录	施工单位	●	○	●	
23	系统实时性、可维护性、可靠性分项工程质量验收记录	施工单位	●	○	●	
24	现场设备安装及检测分项工程质量验收记录	施工单位	●	○	●	
25	火灾自动报警及消防联动系统分项工程质量验收记录	施工单位	●	○	●	
26	综合防范功能分项工程质量验收记录	施工单位	●	○	●	
27	视频安装监控系统分项工程质量验收记录	施工单位	●	○	●	
28	入侵报警系统分项工程质量验收记录	施工单位	●	○	●	

续表

序号	工程资料名称	工程资料来源	施工单位	监理单位	建设单位	城建档案馆
29	出入口控制(门禁)系统分项工程质量验收记录	施工单位	●	○	●	
30	巡更管理系统分项工程质量验收记录	施工单位	●	○	●	
31	停车场(库)管理系统分项工程质量验收记录	施工单位	●	○	●	
32	安全防范综合管理系统分项工程质量验收记录	施工单位	●	○	●	
33	综合布线系统安装分项工程质量验收记录	施工单位	●	○	●	
34	综合布线系统性能检测分项工程质量验收记录	施工单位	●	○	●	
35	系统集成网络连接分项工程质量验收记录	施工单位	●	○	●	
36	系统数据集成分项工程质量验收记录	施工单位	●	○	●	
37	系统集成整体协调分项工程质量验收记录	施工单位	●	○	●	
38	系统集成综合管理及冗余功能分项工程质量验收记录	施工单位	●	○	●	
39	系统集成可维护性和安全性分项工程质量验收记录	施工单位	●	○	●	
40	电源系统分项工程质量验收记录	施工单位	●	○	●	
八	竣工验收资料(C8)					
1	工程竣工报告	施工单位	●	●	●	●
2	单位(子单位)工程竣工预验收报验表＊(表C.8.1)	施工单位	●	●	●	
3	单位(子单位)工程质量竣工验收记录＊＊(表C.8.2-1)	施工单位	●	●	●	●
4	单位(子单位)工程质量控制资料核查记录＊(表C.8.2-2)	施工单位	●	●	●	●
5	单位(子单位)工程安全和功能检验资料核查及主要功能抽查记录＊(表C.8.2-3)	施工单位	●	●	●	●
6	单位(子单位)工程观感质量检查记录＊＊(表C.8.2-4)	施工单位	●	●	●	●
7	施工决算资料	施工单位	○	○	●	
8	施工资料移交书	施工单位			●	
9	房屋建筑工程质量保修书	施工单位	●	●	●	
九	C类其他资料					
	竣工图(D类)					
一	建筑与结构竣工图					
1	建筑竣工图	编制单位	●		●	●
2	结构竣工图	编制单位	●		●	●

· 125 ·

续表

序号	工程资料名称	工程资料来源	施工单位	监理单位	建设单位	城建档案馆
3	钢结构竣工图	编制单位	●		●	●
二	建筑装饰与装修竣工图					
1	幕墙竣工图	编制单位	●		●	●
2	室内装饰竣工图	编制单位	●		●	●
三	建筑给水、排水与采暖竣工图	编制单位	●		●	●
四	建筑电气竣工图	编制单位	●		●	●
五	智能建筑竣工图	编制单位	●		●	●
六	通风与空调竣工图	编制单位	●		●	●
七	室外工程竣工图					
1	室外给水、排水、供热、供电、照明管线等竣工图	编制单位	●		●	●
2	室外道路、园林绿化、花坛、喷泉等竣工图	编制单位	●		●	●
八	D类其他资料					
工程竣工文件(E类)						
一	竣工验收文件(E1)					
1	单位(子单位)工程质量竣工验收记录**	施工单位	●	●	●	●
2	勘察单位工程质量检查报告	勘察单位	○	○	●	●
3	设计单位工程质量检查报告	设计单位	○	○	●	●
4	工程竣工验收报告	建设单位	●	●	●	●
5	规划、消防、环保等部门出具的认可文件或准许使用文件	政府主管部门	●	●	●	●
6	房屋建筑工程质量保修书	施工单位	●	●	●	●
7	住宅质量保证书、住宅使用说明书	建设单位			●	
8	建设工程竣工验收备案表	建设单位	●	●	●	●
二	竣工决算文件(E2)					
	施工决算资料*	施工单位	○	○	●	
	监理费用决算资料*	监理单位		○	●	
三	竣工交档文件(E3)					
1	工程竣工档案预验收意见	城建档案管理部门			●	●
2	施工资料移交书*	施工单位	●			
3	监理资料移交书*	监理单位		●		
4	城市建设档案移交书	建设单位			●	
四	竣工总结文件(E4)					
1	工程竣工总结	建设单位			●	●

续表

序号	工程资料名称	工程资料来源	工程资料保存			
			施工单位	监理单位	建设单位	城建档案馆
2	竣工新貌影像资料	建设单位	●		●	●
五	E类其他资料					

注：1. 表中工程资料名称与资料保存单位所对应的栏中"●"表示"归档保存"；"○"表示过程保存，是否归档保存可自行决定。
2. 表中注明"＊"的表，宜由施工单位和监理或建设单位共同形成；表中注明"＊＊"的表，宜由建设、设计、监理、施工等多方共同形成。
3. 勘察单位保存资料内容应包括工程地质勘察报告、勘察招投标文件、勘察合同、勘察单位工程质量检查报告以及勘察单位签署的有关质量验收记录等。
4. 设计单位保存资料内容应包括审定设计方案通知书及审查意见、审定设计方案通知书要求征求有关部门的审查意见和要求取得的有关协议、初步设计图及设计说明、施工图及设计说明、消防设计审核意见、施工图设计文件审查通知书及审查报告、设计招投标文件、设计合同、图纸会审记录、设计变更通知单、设计单位签署意见的工程洽商记录(包括技术核定单)、设计单位工程质量检查报告以及设计单位签署的有关质量验收记录。

二、归档文件的质量要求

(1)归档的纸质工程文件应为原件。

(2)工程文件的内容及其深度必须符合现行国家有关工程勘察、设计、施工、监理等标准规定。

(3)工程文件的内容必须真实、准确，应与工程实际相符合。

(4)工程文件应字迹清楚、图样清晰、图表整洁、签字盖章手续完备。

(5)工程文件中文字材料的幅面尺寸规格宜为A4幅面(297 mm×210 mm)，图纸宜采用国家标准图幅。

(6)工程文件的纸张应采用能够长期保存的韧力大、耐久性强的纸张。

(7)工程文件应采用碳素墨水、蓝黑墨水等耐久性强的书写材料，不得使用红色墨水、纯蓝墨水、圆珠笔、复写纸、铅笔等易褪色的书写材料。计算机输出文字和图件应使用激光打印机，不应使用色带式打印机、水性墨打印机和热敏打印机。

(8)所有竣工图均应加盖竣工图章，竣工图章应使用不易褪色的印泥。

(9)归档的建设工程电子文件应采用开放式文件格式或通用格式进行存储。

(10)归档的电子文件应包含元数据，保证文件的完整性和有效性；并应采用电子签名等手段，所载内容应真实、可靠。

(11)归档的电子文件内容必须与其纸质档案一致。

(12)离线归档的电子档案载体，应采用一次性写入光盘，光盘不应有磨损、划伤。

(13)存储移交电子档案的载体应经过检测，应无病毒、无数据读写故障，并应确保接收方能通过适当设备读出数据。

三、归档时间的规定

(1)根据建设程序和工程特点,归档可以分阶段、分期进行,也可以在单位或分部工程通过竣工验收后进行。

(2)勘察、设计单位应当在任务完成时,施工、监理单位应当在工程竣工验收前,将各自形成的有关工程资料向建设单位归档。

(3)勘察、设计、施工单位在收齐工程资料并整理立卷后,建设单位、监理单位应根据城建档案管理机构的要求,对档案文件完整、准确、系统情况和案卷质量进行审查,审查合格后向建设单位移交。

课题二 建筑工程技术资料的组卷

组卷又称立卷,是指按一定的原则和方法,将有保存价值的资料进行系统整理、编制目录、详细核对后装订成案卷。

工程准备阶段文件和工程竣工文件应由建设单位负责收集、整理与组卷;监理文件应由监理单位负责收集、整理与组卷;施工文件应由施工单位负责收集、整理与组卷;竣工图应由建设单位负责组织,也可委托其他单位。

一、立卷的原则

(1)立卷应遵循工程文件的自然形成规律和工程专业的特点,保持卷内文件的有机联系,便于档案的保管和利用。

(2)工程文件应按不同的形成、整理单位及建设程序,按工程准备阶段文件、监理文件、施工文件、竣工图、竣工验收文件分别进行立卷,并可根据数量多少组成一卷或多卷。

(3)一项建设工程由多个单位工程组成时,工程文件应按单位工程立卷。

(4)不同载体的文件应分别立卷。

二、立卷的要求

(1)案卷不宜过厚,文字材料卷厚度不宜超过 20 mm。

(2)案卷内不应有重份文件,印刷成册的工程文件宜保持原状。

(3)电子文件的组织和排序可按纸质文件进行。

(4)不同幅面的工程图纸,应统一折叠成 A4 幅面(297 mm×210 mm)。应图面朝内,首先沿标题栏的短边方向以 W 形折叠,然后沿标题栏的长边方向以 W 形折叠,并是标题栏露在外面。

三、立卷的方法

(1)工程准备阶段文件应按建设程序、形成单位等进行立卷。

(2)监理文件应按单位工程、分部工程或专业、阶段进行立卷。

(3)施工文件应按单位工程、分部(分项)工程进行立卷。专业承(分)包施工的分部、子分部(分项)工程应分别单独立卷;室外工程应按室外建筑环境和室外安装工程单独立卷;当施工文件中部分内容不能按一个单位工程分类立卷时,可按建设工程立卷。

(4)竣工图应按单位工程分专业教学立卷。

(5)竣工验收文件应按单位工程分专业进行立卷。

(6)电子文件进行立卷时,每个工程(项目)应建立多级文件夹,应与纸质文件在案卷设置上一致,并应建立相应的标识关系。

(7)声像资料应按建设工程各阶段立卷,重大事件及重要活动的声像资料应按专题立卷,声像档案与纸质档案应建立相应的标识关系。

四、案卷的编目

1. 编制卷内文件页号的规定

(1)卷内文件均按有书写内容的页面编号,每卷单独编号,页号从1开始。

(2)页号编写位置:单面书写的文件在右下角;双面书写的文件,正面在右下角,背面在左下角;折叠后的图纸一律在右下角。

(3)成套图纸或印刷成册的科技文件资料,自成一卷的,原目录可代替卷内目录,不必重新编写页码。

(4)案卷封面、卷内目录、卷内备考表不编写页号。

2. 卷内目录的编制规定(图3-1)

(1)卷内目录排列在卷内文件首页之前,式样宜符合相关规范的规定。

(2)序号:以一份文件为单位,用阿拉伯数字从1依次标注。

(3)责任者:填写文件的直接形成单位和个人,有多个责任者时,选择两个主要责任者,其余用等代替。

(4)文件编号:填写文件形成单位的发文号或图纸的图号,或设备、项目代号。

(5)文件题名:填写文件标题的全称。

(6)日期:填写文件形成的日期或文件的起止日期,竣工图应填写强制日期。"年"用四位数字表示,"月"和"日"应分别用两位数字表示。

(7)页次:填写文件在卷内所排的起始页号,最后一份文件填写起止页号。

(8)备注应填写需要说明的问题。

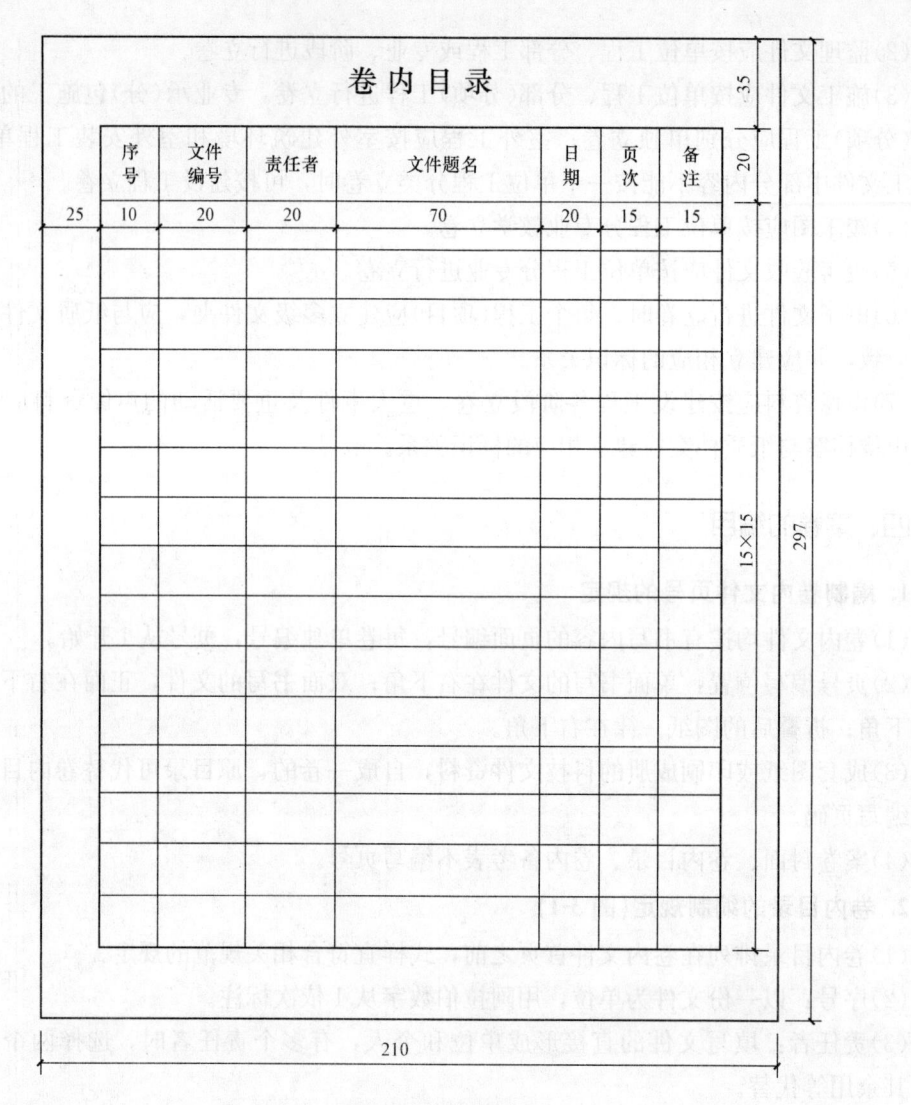

图 3-1　卷内目录

注：尺寸单位统一为 mm，比例 1∶2。

3. 卷内备考表的编制规定(图 3-2)

(1)卷内备考表应排列在卷内文件的尾页之后，式样宜符合规范的规定。

(2)卷内备考表主要标明卷内文件的总页数、各类文件页数、照片张数，以及立卷单位对案卷情况的说明。

(3)立卷单位的立卷人和审核人应在卷内背考表上签名；年、月、日应按立卷审核时间填写。

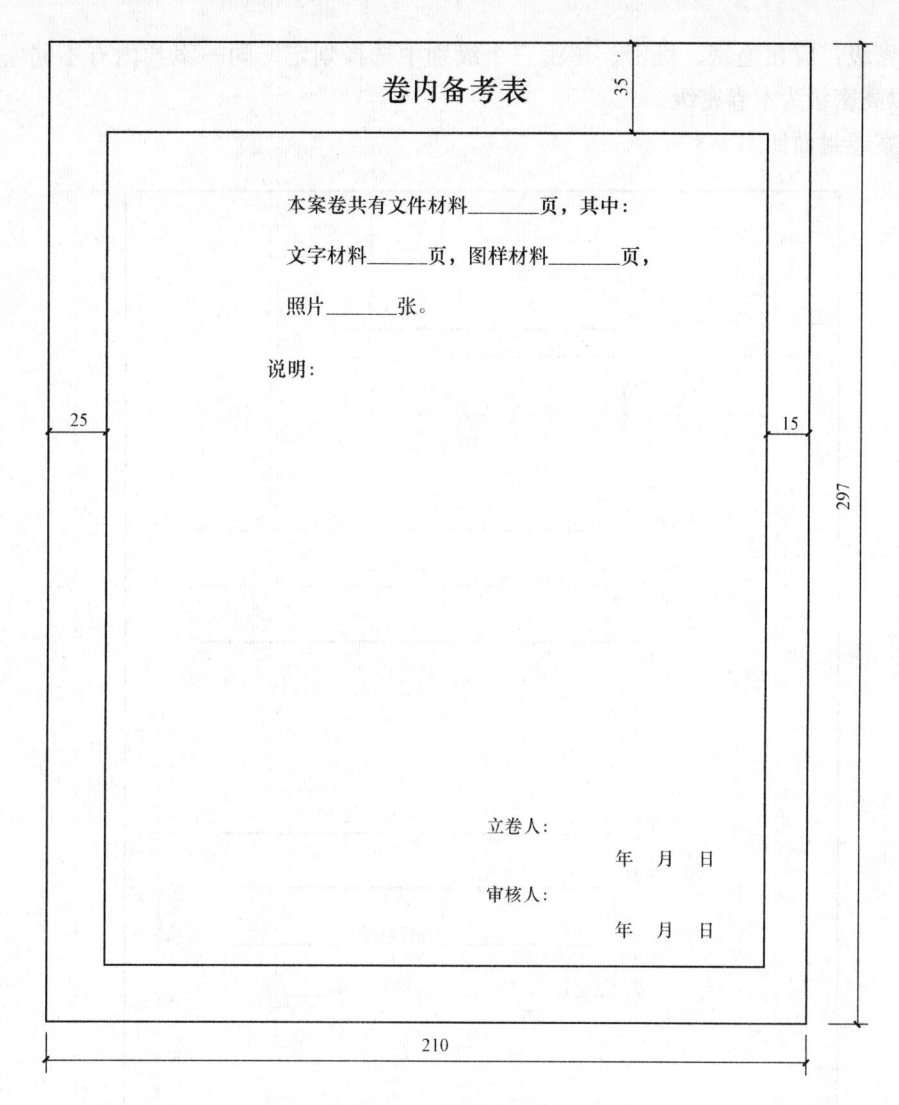

图 3-2　卷内备考表

注：尺寸单位统一为 mm，比例 1∶2。

4. 案卷封面的编制规定

(1)案卷封面印刷在卷盒、卷夹的正表面，也可采用内封面形式。案卷封面的式样宜符合相关规范的规定。

(2)案卷封面的内容：应包括档号、案卷题名、编制单位、起止日期、密级、保管期限、共几卷、第几卷。

(3)档号：应由分类号、项目号和案卷号组成，档号由档案保管单位填写。

(4)案卷题名：应简明、准确地揭示卷内文件的内容。

(5)编制单位：应填写案卷内文件的形成单位或主要责任者。

(6)起止日期：应填写案卷内全部文件形成的起止日期。

(7)保管期限：应根据卷内文件的保存价值在永久保管、长期保管、短期保管三种保管期限中选择划定，当同一案卷内有不同保管期限的文件时，该案卷的保管期限应从长。

(8)密级：应在绝密、机密、秘密三个级别中选择划定。同一案卷内有不同密级的文件，应以高密级为本卷密级。

(9)案卷封面如图3-3所示。

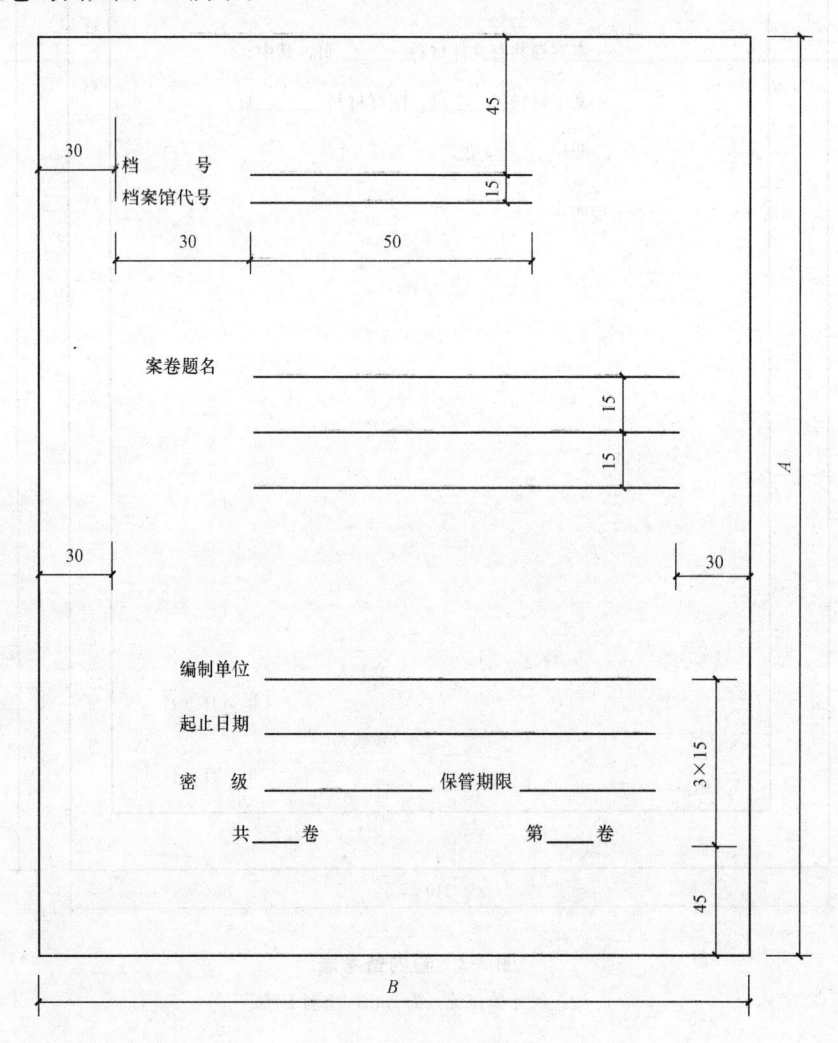

图 3-3 案卷封面

注：卷盒、卷夹封面 $A \times B = 310 \times 220$，案卷封面 $A \times B = 297 \times 220$，尺寸单位统一为 mm，比例为 1∶2。

5. 注意事项

卷内目录、卷内备考表、案卷内封面应采用70 g以上白色书写纸制作，幅面统一。

五、案卷的规格与装订

1. 案卷规格

(1)卷盒的外表尺寸为 310 mm×220 mm，厚度分别为 20 mm、30 mm、40 mm、50 mm。

(2)卷夹的外表尺寸为 310 mm×220 mm，厚度一般为 20～30 mm。

(3)卷盒、卷夹应采用无酸纸制作。

2. 案卷装订

(1)案卷可采用装订和不装订两种形式。

(2)文字材料必须装订。装订时不应破坏文件的内容,要整齐、牢固,便于保管和利用。

课题三　建筑工程技术资料的验收与移交

列入城建档案馆(室)档案接收范围的工程,建设单位在组织工程竣工验收前,应提请城建档案管理机构对工程档案进行预验收,建设单位未取得城建档案管理机构出具的认可文件,不得组织工程竣工验收。

一、档案预验收的内容

(1)工程档案齐全、系统、完整。
(2)工程档案的内容真实、准确地反映工程建设活动和工程实际状况。
(3)工程档案已整理组卷,组卷符合规范的规定。
(4)竣工图绘制方法、图式及规格等符合专业技术要求,图面整洁,盖有竣工图章。
(5)文件的形成、来源符合实际要求,单位或个人签章的文件其签章手续要完备。
(6)文件材质、幅面、书写、绘图、用墨、托裱等符合要求。
(7)电子档案格式、载体等符合要求。
(8)声像档案内容、质量、格式符合要求。

二、移交的规定

(1)施工单位应向建设单位移交施工资料,实行施工总承包的,各专业承包单位应向施工总承包单位移交施工资料。
(2)监理单位应向建设单位移交监理资料。
(3)列入城建档案馆(室)接收范围的工程,建设单位在工程竣工验收后3个月内,必须向城建档案馆(室)移交一套符合规定的工程档案。
(4)停建、缓建建设工程的档案暂由建设单位保管。
(5)对改建、扩建和维修工程,建设单位应当组织设计、施工单位据实修改、补充和完善原工程档案。对改变的部位,应当重新编制工程档案,并在工程竣工验收后3个月内,向城建档案馆(室)移交。
(6)移交工程档案时,应及时办理相关移交手续,填写工程资料移交书、移交目录,双方签字盖章后交接。

本章小结

收集和整理好工程技术资料是建筑施工中的一项重要工作,是工程质量管理的组成部分。建筑工程技术资料采取统一存放、妥善保管,可以方便相关单位随时查阅。本章主要内容是建筑工程技术资料归档的相关规定,包括归档的范围、要求等。

思考与练习

1. 归档文件的质量要求有哪些?
2. 建筑工程技术资料的组卷要求有哪些?
3. 简述档案预验收的内容。

推荐阅读

(1997年12月23日建设部令第61号发布,第一次修正根据2001年7月4日《建设部发布关于修改〈城市建设档案管理规定〉的决定》,第二次修正根据2011年1月26日《住房和城乡建设部关于废止和修改部分规章的决定》)

城市建设档案管理规定
中华人民共和国建设部
第90号

第一条 为了加强城市建设档案(以下简称城建档案)管理,充分发挥城建档案在城市规划、建设、管理中的作用,根据《中华人民共和国档案法》《中华人民共和国城乡规划法》《建设工程质量管理条例》《科学技术档案工作条例》,制定本规定。

第二条 本规定适用于城市内(包括城市各类开发区)的城建档案的管理。

本规定所称城建档案,是指在城市规划、建设及其管理活动中直接形成的对国家和社会具有保存价值的文字、图纸、图表、声像等各种载体的文件材料。

第三条 国务院建设行政主管部门负责全国城建档案管理工作,业务上受国家档案部门的监督、指导。

县级以上地方人民政府建设行政主管部门负责本行政区域内的城建档案管理工作,业务上受同级档案部门的监督、指导。

城市的建设行政主管部门应当设置城建档案工作管理机构或者配备城建档案管理人员,负责全市城建档案工作。城市的建设行政主管部门也可以委托城建档案馆负责城建档案工作的日常管理工作。

第四条 城建档案馆的建设资金按照国家或者地方的有关规定,采取多种渠道解决。城建档案馆的设计应当符合档案馆建筑设计规范要求。城建档案的管理应当逐步采用新技术,实现管理现代化。

第五条 城建档案馆重点管理下列档案资料:

(一)各类城市建设工程档案:

1. 工业、民用建筑工程;

2. 市政基础设施工程;

3. 公用基础设施工程;

4. 交通基础设施工程;

5. 园林建设、风景名胜建设工程;

6. 市容环境卫生设施建设工程;

7. 城市防洪、抗震、人防工程;

8. 军事工程档案资料中,除军事禁区和军事管理区以外的穿越市区的地下管线走向和有关隐蔽工程的位置图。

(二)建设系统各专业管理部门(包括城市规划、勘测、设计、施工、监理、园林、风景名胜、环卫、市政、公用、房地产管理、人防等部门)形成的业务管理和业务技术档案。

(三)有关城市规划、建设及其管理的方针、政策、法规、计划方面的文件、科学研究成果和城市历史、自然、经济等方面的基础资料。

第六条 建设单位应当在工程竣工验收后三个月内,向城建档案馆报送一套符合规定的建设工程档案。凡建设工程档案不齐全的,应当限期补充。

停建、缓建工程的档案,暂由建设单位保管。

撤销单位的建设工程档案,应当向上级主管机关或者城建档案馆移交。

第七条 对改建、扩建和重要部位维修的工程,建设单位应当组织设计、施工单位据实修改、补充和完善原建设工程档案。凡结构和平面布置等改变的,应当重新编制建设工程档案,并在工程竣工后三个月内向城建档案馆报送。

第八条 列入城建档案馆档案接收范围的工程,建设单位在组织竣工验收前,应当提请城建档案管理机构对工程档案进行预验收。预验收合格后,由城建档案管理机构出具工程档案认可文件。

第九条 建设单位在取得工程档案认可文件后,方可组织工程竣工验收。建设行政主管部门在办理竣工验收备案时,应当查验工程档案认可文件。

第十条 建设系统各专业管理部门形成的业务管理和业务技术档案,凡具有永久保存价值的,在本单位保管使用一至五年后,按本规定全部向城建档案馆移交。有长期保存价值的档案,由城建档案馆根据城市建设的需要选择接收。

城市地下管线普查和补测补绘形成的地下管线档案应当在普查、测绘结束后三个月内接收进馆。地下管线专业管理单位每年应当向城建档案馆报送更改、报废、漏测部分的管线现状图和资料。

房地产权属档案的管理,由国务院建设行政主管部门另行规定。

第十一条 城建档案馆对接收的档案应当及时登记、整理,编制检索工具。做好档案的保管、保护工作,对破损或者变质的档案应当及时抢救。特别重要的城建档案应当采取有效措施,确保其安全无损。

城建档案馆应当积极开发档案信息资源,并按照国家的有关规定,向社会提供服务。

第十二条 建设行政主管部门对在城建档案工作中作出显著成绩的单位和个人,应当给予表彰和奖励。

第十三条 违反本规定有下列行为之一的,由建设行政主管部门对直接负责的主管人员或者其他直接责任人员依法给予行政处分;构成犯罪的,由司法机关依法追究刑事责任:

(一)无故延期或者不按照规定归档、报送的;

(二)涂改、伪造档案的;

(三)档案工作人员玩忽职守,造成档案损失的。

第十四条 建设工程竣工验收后,建设单位未按照本规定移交建设工程档案的,依照《建设工程质量管理条例》的规定处罚。

第十五条 省、自治区、直辖市人民政府建设行政主管部门可以根据本规定制定实施细则。

第十六条 本规定由国务院建设行政主管部门负责解释。

第十七条 本规定自1998年1月1日起施行。以前发布的有关规定与本规定不符的,按本规定执行。

模块四　建筑工程技术资料管理软件的应用

职业能力

熟练使用建筑工程技术资料管理软件。

学习要求

(1) 了解建筑工程资料管理软件的意义。
(2) 熟悉建筑工程资料管理软件的分类。
(3) 掌握建筑工程资料管理软件的应用。

课题一　建筑工程技术资料管理软件概述

一、计算机在档案资料管理中的应用

档案资料管理计算机应用技术主要是用于档案整编、检索、统计及借阅等业务职能。主要表现在：其一，用计算机编制档案检索工具。以著录项目组成档案机读目录数据库，然后按不同的要求，利用库内数据自动编制案卷目录、专题目录、分类目录等。其二，用计算机进行档案检索。按照档案著录项目中所标识的内容特征和形式特征，检索出符合不同利用者要求的档案目录及其原件。其三，用计算机对档案管理中形成的各种数据或情况，包括入库与出库数量、库存空间占有率、档案调阅、归还等进行登记与统计。

档案信息自动化系统是一项需要运用多学科知识、多专业配合、多部门协作和多环节配套的复杂系统工程。加强对档案信息自动化系统管理的目的在于开发应用，离开推进应用水平的提高，就脱离了实际。加强管理的指导思想主要有三个方面：一是要积极进取，开拓创新，争取条件采用先进技术；二是要充分掌握系统的综合性、系统性、统一性，统筹兼顾，全面安排，调动各方面的积极性；三是要从现实出发，循序渐进。

加快档案信息自动化系统建设，实现档案工作各个环节的计算机化，是实现档案工作现代化、提高档案系统整体功能的物质技术基础和重要手段。

我国档案部门应用电子计算机可追溯到 20 世纪 70 年代，但真正有计划地建立自己的系统是 1985 年。经过艰苦创业，初步建成了文书档案处理系统，使系统不断向信息管理的目标推进，其装备水平和应用水平逐步提高。

二、档案信息电子化的现状

(1)档案软件没有信息管理功能，缺乏通用性。档案部门使用的计算机型号不一致，规格各异，各自开发的软件不能互用，并且没有一个既适用于文件检索又可用于档案信息管理的计算机管理软件系统，因此，就不能利用计算机完成信息管理工作，不能快捷地出版信息编辑成果，这制约了档案信息电子化的进程。

(2)在我国至今还没有一个可以达到数据交换的机读目录档案系统，档案信息系统和网络建设形式各行其是，层次不一，规范性、开发性、服务性、共享性较差，不能达到档案信息资源共享的要求。

(3)标准化、规范化工作有待提高。档案信息管理电子化的前提是基础工作的规范化和标准化。但由于历史原因，馆(室)藏档案业务基础差，案卷质量不高，特别是各类档案的著录细则相容性不强，系统软件移植性差；档案自动化工作尚无统一标准，仅着眼于某一个馆或某个专业系统，无法全面实施、推广统一标准，这也制约了档案信息工作的电子化。

(4)档案的技术标准、组织工作程序标准未从计算机信息处理技术的特点和发展考虑，越来越多的归档"文件资料"是磁盘、光盘，现行的档案整理、分类方法、著录标准及有关规定已不能完全适应。

(5)档案信息管理人员的素质有待提高。实现档案信息电子化，首先要有现代化的人，管理人员要有较高的知识层次和先进的技术水平，不能仅仅满足于一般的计算机操作。从目前来看，许多档案部门缺乏现代高技术人才，其中，档案、信息处理复合型人才就更稀缺，大部分档案人员现代技术水平偏低，甚至有现代文盲现象。尽管引进了现代化设备，仍不能充分发挥作用，就更谈不上档案信息电子化了。

三、档案信息电子化的发展趋势

办公自动化、无纸化等事物的出现，使档案的生成方式发生了很大变化，诸如文件的起草、签发、催办、归档等运作过程在计算机和通信线路中进行，这样，档案的前身必须以机读文件为主要形态，那么档案也自然以机读形式存在，这些档案的利用方式与纸质载体档案的利用方式有很大差异。这种变化预示着档案工作者将面对更多的机读形式以磁盘为载体的档案。广大信息检索者关心的是信息的内容，这些信息可能来自不同机读形式的档案中，把这些档案信息综合、系统地提供出来是档案工作者义不容辞的责任。不失时机地提供有价值的档案信息，必须有一个"去粗取精，去伪存真"的过程，使得机读形式的档案信息具有系统性、真实性、价值性，用户才能获得更为完善的服务。由此看来，档案信息电子化是档案管理工作发展的必然趋势。

四、档案信息电子化的作用

所谓档案信息电子化，就是以档案资料(纸质或机读形式的)为主要物质对象，用计算机对档案文献进行收集、筛选和不同层次的加工，使之转化成为计算机软件形式的二次文献信息供人们利用的过程。其作用有：

(1)可充分利用和发挥现有计算机的潜能,提高利用率。目前,大多数基层档案馆(室)对计算机的应用单一,开发功能简单,有的仅仅用于档案著录或文件打字储存,利用效率低,造成人力、物力、财力和时间的极大浪费,使现代化设备不能物尽其用。

(2)缩短二次文献信息的加工时间,提高档案信息的时效性。手工信息加工工作模式是"选题—选材—编辑—出版",这种"慢工出细活"的工作方式,即从文件资料形成到开发"二次文献信息"时间过长,造成信息失效,严重影响了档案信息的应用价值。档案信息电子化,编者可直接利用机读形式的档案,利用计算机的功能完成信息加工工作程序,快捷地出版二次文献。

(3)档案信息电子化,可一次投入、多次产出,可改变信息加工工作受经费限制的局面。

(4)档案信息电子化,信息成果可多份拷贝。将拷贝成果分享给各个部门,可以扩大社会影响,拓宽服务范围,档案部门的地位自然也就得到了提高。

(5)档案信息电子化,可使档案信息顺利地与最新技术接轨。虽然"信息高速公路"在我国尚在起步阶段,但档案事业要注意这方面的发展动向,超前拿出对策,使档案工作适应这一客观形势的变化和要求,为将来在"信息高速公路"中有一束档案信息打下基础。

课题二　工程资料管理软件简介

目前,住房和城乡建设部推荐使用的建设工程资料管理软件有北京筑业新技术有限责任公司开发的《资料大师—建筑工程技术资料管理软件》、北京仪康建达软件技术有限公司开发的《建筑工程资料管理系统》、中国建筑科学研究院建筑工程软件研究所开发的《建筑工程资料管理软件》、北京铭洋建龙信息技术有限公司开发的《资料专家管理系统》等,其中,以北京筑业新技术有限责任公司开发的《资料大师—建筑工程技术资料管理软件》使用较为普遍,现在我们重点介绍这个软件。

一、软件的特点

(1)软件提供了快捷、方便的建筑工程所需的各种表格的输入方式。

(2)具有完善的建筑工程技术资料数据库的管理功能,可方便地查询、修改、统计汇总。

(3)实现了从原始资料录入到信息检索、汇总、维护、后期模板添加、修改、删除等一体化管理。

(4)所有表格与Excel兼容,方便调整修改,采取所见即所得的打印输出方式。

(5)软件内置了自动填表功能,工程中相同的信息可以很方便填写,不必重复录入,大大减轻了工作量。公用信息用户可以只进行一次定义,所有新建表格自动填写。

(6)软件中增加了Windows中没有的特殊符号字体库,弥补了Windows系统不能输入建筑特殊符号的缺陷。

(7)软件提供的表格多,可满足各种用户的需求。该公司推出的《工程资料管理系统全国版》,包含北京、天津、河北、山东、辽宁、吉林、山西、河南、江苏、湖南、湖北、上海、浙江、内蒙古等地专用的资料表格,同时可以免费升级当地表格库。

(8)软件自身内置了国家的最新验收规范和填表说明,查阅方便,而且规范、资料可以自由复制、粘贴。

(9)可用软件来管理日常的资料,以目录树的形式调用,比较系统化。软件有关键词表格查询,可以瞬间找到所需要的表格,方便查询,大大减轻了资料员的工作量,同时能提高工作效率,真正为建设单位、监理单位、施工单位带来收益。

二、系统的简介

依据《建筑工程施工质量验收统一标准》(GB 50300—2013)及《建设工程文件归档规范》(GB/T 50328—2014)编制的配套软件。

软件的内容包括:

(1)监理表格。

(2)施工表格。

(3)《建筑工程施工质量验收统一标准》(GB 50300—2013)全套表格(含全套验收规范)。

(4)安全管理表格。

(5)智能建筑表格。

软件包含了建筑工程竣工验收全过程所需的各种类别的技术资料,例如,工程建设前期资料、施工过程质量控制资料(包括各检验批验收记录)、竣工验收备案资料及相关的国家统一标准和质量验收规范等。其主要功能模块见表4-1。

表 4-1　软件主要功能模块

1	自动填表	(1)自动导入工程常用信息; (2)可以在常用信息中进行编辑,直接修改常用信息的内容
2	自动计算	所有包含计算的表格,用户只需填写基础数据,软件自动计算,用户可以自行输入或修改计算公式
3	自动编号	自动填写表格编号,对当前模板下已编号的表格,可以重新编号
4	排序	上下移动:用来调整客户建立的表格顺序。 左右移动:可以改变表格的从属关系
5	导入、导出	方便地导入、导出文本和Excel文件
6	智能评定	软件根据国家标准或企业标准自动评定检验批质量验收表格的检测值等级,自动添加○和△,标记不合格点值
7	企业标准设置	用户可以修改有关检验批资料国家的标准数据,形成企业标准,软件自动根据企业标准进行评定
8	表格套打	对于有特殊需要的客户,提供了表格套打功能
9	工程表格批量打印	表格填写完成后,可以批量打印整个工程表格,也可以按照编制日期进行分批打印

续表

10	电子组卷	做完工程后，软件可对工程数据进行分类组卷
11	画图	软件提供绘制工程平面图功能，节省了几个软件之间的相互切换
12	数据自动保存	用户只需把数据填写完成，软件会自动地保存所填的内容
13	查阅法规资料	方便地查阅法律、法规规范和资料管理规程
14	附件管理	工程中的所有附件可以进行统一管理
15	用户管理	有权限才能访问软件系统
16	在线升级	如果在线，自动完成软件升级

三、系统的操作说明

(一)新建工程

首先打开软件，出现如图 4-1 所示界面。

图 4-1 软件系统操作界面

如果是初次使用本软件系统(系统中还没有建立工程)，则登录后，在 工程(P) 菜单下单击 新建 按钮，新建一个工程，弹出窗口如图 4-2 所示。

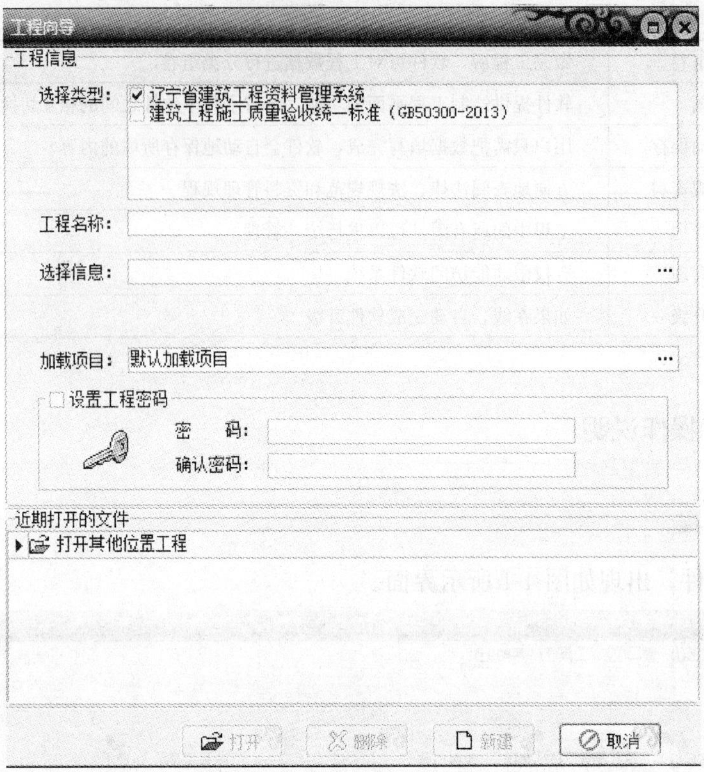

图 4-2　新建工程向导对话框

在新建"工程向导"的选项中列出了工程的数据模板专业类型，如果购买了不同专业的数据库，可以选择使用。

在"近期打开的文件"列表中现在是空的，如果已经新建了工程文件会在这里显示，可以双击并打开使用。

这时可在"工程名称"中输入工程所在项目的名称，单击 按钮，系统会进行新建工程的初始化操作。

(二)工程基本信息设置

系统初始化操作完毕后弹出"设置-工程信息"窗口(图4-3)，在页面中可以输入工程基本信息，包括工程名称、工程地址、建筑类型等。一份规范的工程资料，在填写工程基本信息时应注意以下几点：

(1)工程信息必须填写正确。

(2)在有多个单位名称时，可按 Enter 键加入其他单位名称。

(3)修改工程信息时，最好不要修改默认的信息名称。

在填写工程信息退出后，若需要再次编辑，可在"系统维护"菜单下找到"设置-工程信息"对话框，在这里可再次输入工程对应的基本信息，或单击快捷方式 按钮。

信息列表主要包括："工程基本信息"和"相关单位信息"，这些信息都是填写表格时所必需的，并且在新建一张表格时将由系统自动导入表格中。因此，完整、规范地输入这些

· 142 ·

信息将会极大地提高填表效率。

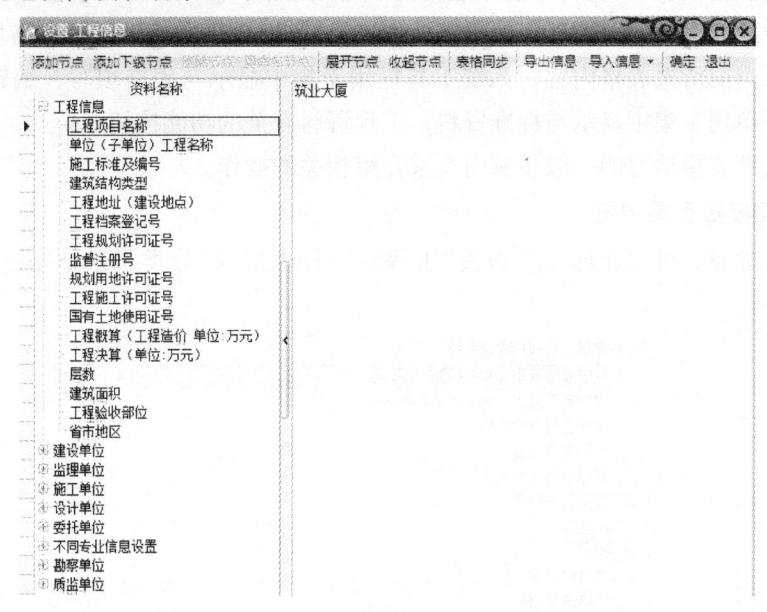

图 4-3 "设置-工程信息"对话框

(三)技术资料编辑

在填完工程信息后进入编辑操作界面，如图 4-4 所示。

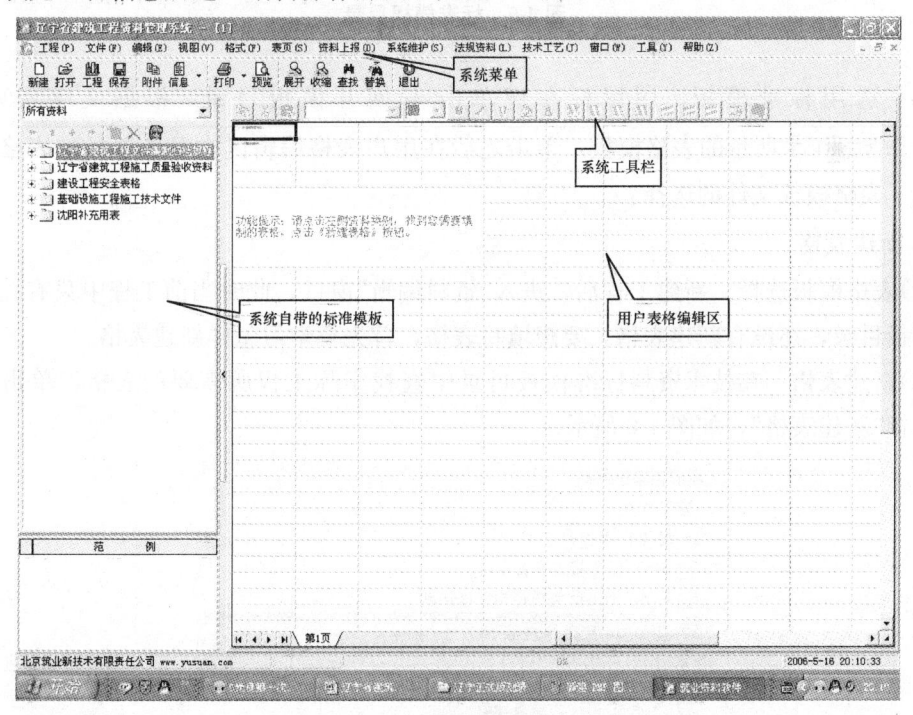

图 4-4 编辑操作界面

其中，系统自带的标准模板分别按"工程资料管理规程"和"组卷目录"排序，用于显示系统中的资料表格模板(系统自带的标准模板不允许删除、修改；标准资料中的表格只有新建表格之后，才能对其进行填写、编辑等处理操作)；用户表格编辑区是表格填写的工作区域，用于显示当前所选表格内容；系统工具栏用于集中显示与表格填写、编辑有关的工具按钮；系统菜单用于集中显示与标准资料、工程资料有关的功能按钮。

下面将按照表格填写的一般步骤向大家介绍相关的操作。

1. 对标准模板目录浏览

在表格新建时，可以让标准模板按"工程资料管理规程"分类目录排序过滤，如图4-5所示。

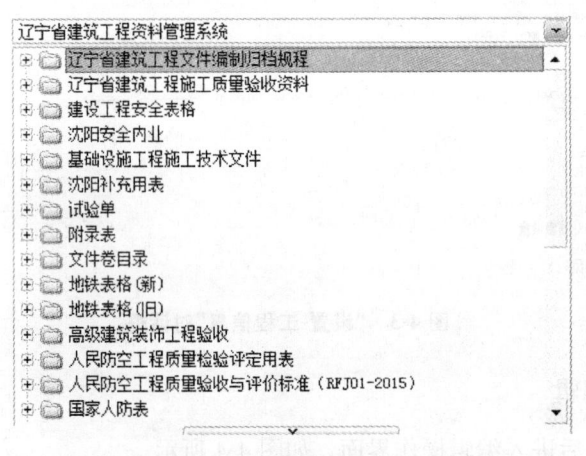

图4-5 标准模板目录

现在选用标准模板，用鼠标左键单击 ➕ 展开模板目录，根据文字提示选择 C1-3 图纸会审记录 所示的表格模板。单击之后在用户表格编辑区中显示选择的表格，这样就完成了表格模板文件的选择。

2. 新建表格

(1)表格模板选择。新建工程后，进入"资料编辑"窗口，此时当前工程中只有技术资料标准模板目录，还没有新建表格，要想填写表格，首先要学习怎样新建表格。

(2)新建表格：在技术资料标准模板目录中查找实际工程所需要的表格，单击鼠标右键，选择"新建表格"，如图4-6所示。

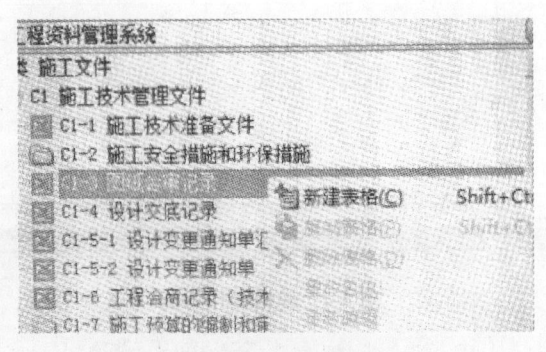

图4-6 新建表格

在弹出的"新建表格"对话框中修改已有的表格名称，如图4-7所示。

图 4-7 "新建表格"对话框

3. 填写表格

完成向当前工程资料目录中新建表格操作后，接下来就是如何填写表格了。本系统提供了方便、快捷的多种表格填写功能，如自动导入表头信息、智能填充、自动评测、自动计算、汇总、自动生成统计表等。

(1)表头信息栏目的填写。在当前工程资料目录中生成了具体的表格之后，系统会自动将当前工程的基本信息和相关单位信息导入每一张新建表格的表头，如工程名称、分部(子分部)工程名称、施工单位等。

如果表格中某个栏目的信息存在多种选择(如工程中存在两个分包单位)，则可以双击该栏，并从弹出的对话框中选择，如图4-8所示。

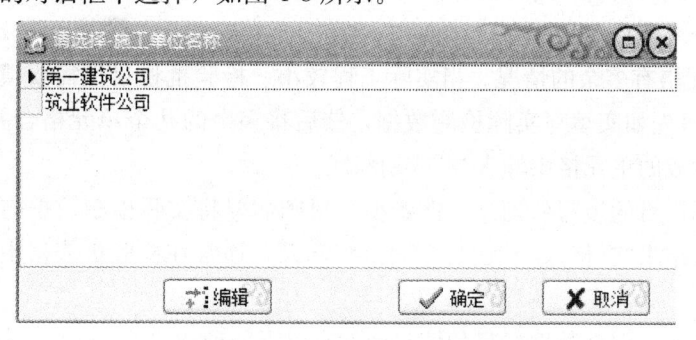

图 4-8 "请选择-施工单位名称"对话框

也可以根据实际工程来修改自动导入的表头信息，方法一：用鼠标选中要修改信息的单元格，输入实际数据，然后按回车键即可。方法二：单击弹出窗口中的编辑按钮在基本信息编辑框中输入实际数据，退出。这时，在使用本信息时可以有多项选择。

(2)有关表头信息填写栏目的强调性说明。

1)检验批表格中的"施工执行标准名称及编号"。施工执行标准是指企业标准(或引用的推荐标准,但必须经企业认可为企业标准),企业标准应有名称及编号、编制人、批准人、批准时间、执行时间。检验批表格中的"施工执行标准名称及编号"栏目中应该输入施工单位的企业标准名称及编号。如果施工企业没有自己的企业标准名称及编号,则可以在该栏中输入斜线"/"或划斜线。

2)检验批表格中的"验收部位"。检验批表格中的"验收部位"栏目应保证唯一性,一般应填写"楼层+轴线"的组合信息。

(3)表格中间检测数据栏目的填写。表格中间检测数据栏目一般分为两种,即定量数据栏目和定性数据栏目。其中,定量数据栏目需要填写实际检测数据(如检验批表格中常见的10个单元格);定性数据栏目则需要将实际检测数据与规范或设计要求相比较来判定其结果"合格(√)"还是"不合格(×)"(如检验批表格中常见的大单元格)。

1)定量数据栏目的填写处理。表格中间的检测数据栏目需要根据工程实际检测数据来填写,并应保持其真实性。对于表格所填写的检测数值,系统将会智能检测该数值是否超标(如果该数值超标,将用△或○表示。其中,△表示超国家标准,○表示超企业标准)。

企业标准是严于国家标准的,由于同一次验收中不可能采用两种标准来评定,因此,一张表格中不可能既使用企业标准又使用国家标准来进行评定,也就是说,一张表格中不可能有的数据超标使用△来表示,而另一些数据超标使用○来表示。

另外,检验批表格中的定量检测栏目一般只设计了10个单元格,如果实际工程规模较大,这10个单元格不够;如果实际工程规模较小,而这10个单元格又有多余。因此,应该根据实际需要对这10个单元格进行相应的处理。本系统提供了功能强大的处理方法,具体如下:

①10个单元格不够的情况。当实际工程较大、检验批栏目里需要填写的检测数据超过了10个,这时需要先将表格中默认的10个单元格合并成一个大的单元格,然后在合并后的单元格中填写统计评定文字(如合格。其中,共检测××点,合格××点、不合格××点,合格率为××%)。

②10个单元格有多余的情况。当实际工程较小、检验批栏目里需要填写的检测数据不足10个,这时可先如实填写实际检测数据,然后将多余的几个单元格合并为一个单元格,并在合并后所生成的单元格中输入"/"或划斜线。

2)定性数据栏目的填写处理。定性数据栏目则需要将实际检测数据与规范或设计要求相比较来判定其结果"合格(√)"还是"不合格(×)",通常在检验批表格中表现为一个大单元格。

在实际工程中,定性数据栏目的填写通常有以下三种情况:

①只需要进行检测就可以定性的情况。如土方回填检验批(GD2401002)中一般项第1项"回填土料"栏,该栏目只需在现场直接鉴别是否符合设计要求,此类栏目的填写只需在单元格中间打"√"表示合格即可。

②需要借助其他资料才能证明合格的情况。如钢筋加工检验批(GD2401052)中主控项目第1项"力学性能检验"栏,该栏目需要具体的钢筋力学性能检验报告来证明是否合格,此类栏目的填写就需要在单元格中间填写具体的钢筋力学性能检验报告的编号,然后从该

栏最右侧下拉框中选择“√”。

③根据实际有可能不需要填写的情况。如钢筋加工检验批(GD2401052)中主控项目第3项“化学成分等专项检验”栏，规范中明确说明“当发现钢筋脆断、焊接性能不良或力学性能显著不正常等现象时，应对该批钢筋进行化学成分检验或其他专项检验”，也就是当钢筋加工性能正常的情况下，根本不需要进行该栏目所要求的检验，对此类栏目规范的处理是：不能空着不填，而应该输入“/”或划斜线来表示本工程不需要进行该项检验。

(4)表尾评定结果栏目的填写。检验批表格的表尾部分包括“施工单位检查评定结果”和“监理(建设)验收结论”两个栏目，本系统对这两个栏目的评语做了规范化处理，列出了常用评语，实际填写时，一般只需从系统提供的评语中选择相应一条即可。当然，也可以根据工程实际情况直接输入自己的评语。

(5)查看填表说明及范例。本系统允许用户在填写表格时方便快捷地查看该表格的填表说明及范例表格的填写内容。

1)查看填表说明。在填写某资料表格时，如果要查看该表格的填表说明，可用鼠标单击 第1页 填表说明 页签，切换到该页面即可方便地查看，如图4-9所示。

(一)图纸会审的主要内容一般应包括：

1、是否齐全，引用标准图号是否明确，是否符合国家现行规范、标准要求。

2、地基基础的设计是否符合该工程地质勘察报告结论要求。

3、建设单位、设计单位、施工单位、监理单位协商施工条件。

4、解决图纸中存在的土建、水、电、通风、空调、设备安装中各类管道敷设过程中出现的矛盾。

图4-9　查看填表说明

2)查看范例。本系统对每张表格都做了范例，可以单击 范例1 查看范例表格的填写内容，如图4-10所示。

图 纸 会 审 记 录

工程名称	筑业科技大厦		
建设单位	××集团开发有限公司	设计单位	××建筑设计院
施工单位	××建设集团有限公司	监理单位	××监理公司
图纸名称及图号	主　要　内　容		结　论　意　见
建施-1	说明十第2条底板防水做法中50厚C20细石混凝土保护层及找平层，防水层厚度在结构图中没有表示，因此槽底标高应相应降低74mm。		槽底标高降低 74mm。

图4-10　查看范例表格填写内容

4. 常用操作与技巧

(1)工具栏介绍。下面简要介绍主要的工具栏：系统常用工具栏、表格常用工具栏、格式工具栏。

1)系统常用工具栏。系统的常用工具栏如图4-11所示。

图 4-11 系统常用工具栏

"信息"按钮此功能键是为了方便用户在填写表格的过程中,查看编辑或增加一些工程的相关信息。单击"信息"向下拉就会列出三个选项"工程信息""通用信息""系统信息"。

2)表格常用工具栏。表格常用工具栏,主要是对用户目前所编辑表格内容的一些常用设置,比如表格的字体样式、大小、内容对齐方式等。

3)格式工具栏。格式工具栏的主要功能是对用户表格的一些单元格设置,比如插入行、列,表格的画线、抹线,属性的一般设置等。

(2)表格保存及导出。

1)表格保存。表格中数据填写完毕之后,就要保存表格。系统提供了自动保存功能,或者直接单击工具栏上的"保存"按钮。这里需要注意的是:在单元格中输入数据或修改了之后,一定要按回车(Enter)键或将鼠标单击一下单元格之后,再单击"保存"按钮。

2)表格导出。本系统中的每一张表格都可以输出成 Excel。其具体的操作方法如下:

①选择要导出成 Excel 文件的表格,然后单击表格右键"导出文件"→"导出 Excel 文件"命令,则系统将弹出"输出 Excel 文件"对话框,如图 4-12、图 4-13 所示。

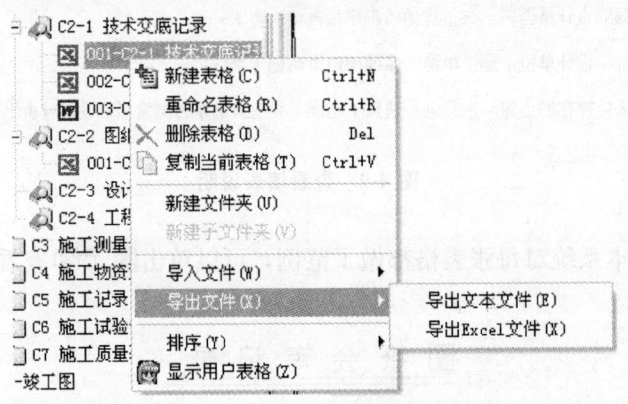

图 4-12 选择"导出 Excel 文件"

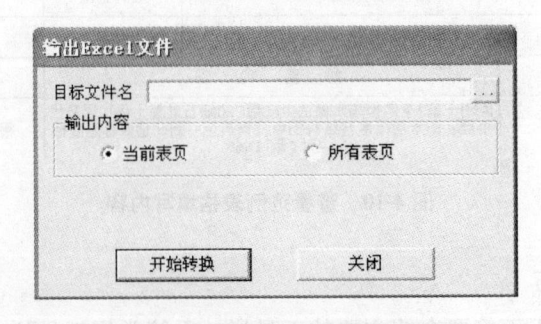

图 4-13 "输出 Excel 文件"对话框

②单击"…"按钮,就会弹出"选择 Excel 文件名"对话框,如图 4-14 所示。

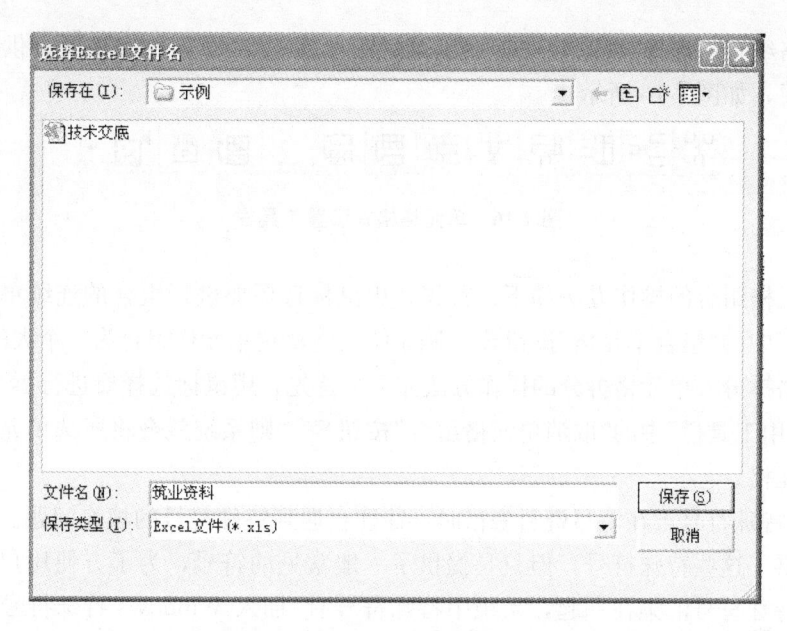

图 4-14 "选择 Excel 文件名"对话框

③在该窗口中选择保存路径并输入文件名，单击"保存"按钮，系统返回"输出 Excel 文件"对话框后，单击"开始转换"按钮即可将表格转换成 Excel 文件。

④导出为文本文件：在新建的表中单击鼠标右键，选择"导出文件"→"导出文本文件"命令，确定后会弹出如图 4-15 所示对话框。

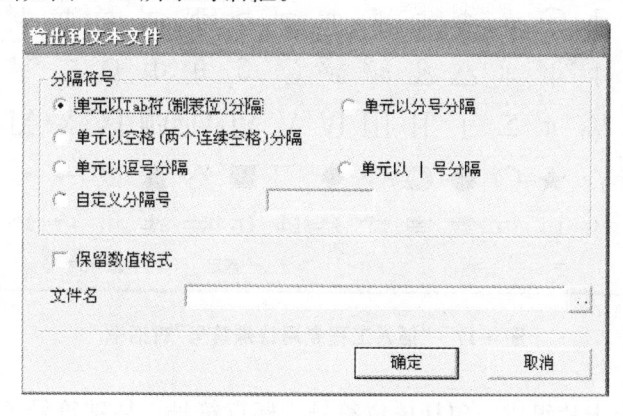

图 4-15 "输出到文本文件"对话框

(3)换行和缩进。在实际工程资料中，有些表格需要输入大量的文本数据(如 C2-1 技术交底记录)，这时为了文字版面的美观，就需要进行换行和缩进操作。

1)换行操作。本系统进行换行操作所使用的是组合键——Ctrl＋Enter，而不是 Word 中常用的 Enter 键。要想进行换行，直接按下 Ctrl＋Enter 组合键即可。

2)缩进操作。本系统中段前缩进是在段前使用空格来实现的。

(4)单元格组合/拆分。本系统中每张表格都是由小的单元格经过组合而成的，在填写表格时，有时需要将单元格进行组合或拆分以满足实际填写表格的需要。单元格组合和拆分的具体操作如下。

· 149 ·

1)单元格组合。选择"视图"→"辅助工具栏"→"格式"命令,打开系统提供的单元格格式设置工具栏,如图4-16所示。

图4-16 单元格格式设置工具栏

进行单元格组合的操作方法如下:首先,用鼠标选择要进行组合的连续单元格,直接单击"工具栏"中的"组合单元格"按钮，则系统会将所选单元格组合为一个大的单元格。

2)单元格拆分。单元格拆分的操作方法如下:首先,用鼠标选择要进行拆分的单元格,然后单击"常用工具栏"中的"取消单元格组合"按钮，则系统就会将所选单元格拆分为若干个小的单元格。

(5)插入特殊符号。在填写资料表格时,往往会遇到特殊符号的填充问题。虽然有些输入法中也提供了这些特殊符号,但只是提供了一般常见的符号,为了方便用户,本系统将一些常用的特殊符号汇集在一起,系统中特殊符号有"插入Windows特殊符号""插入工程专用特殊符号"供选择使用。插入特殊符号的操作比较简单:单击要插入特殊符号的单元格,然后选择"菜单"→"插入特殊符号"→"插入工程专用特殊符号"命令,则系统将弹出"插入工程专用特殊符号"对话框,如图4-17所示。

图4-17 "插入工程专用特殊符号"对话框

该对话框由多个卡片组成,包括单位符号、标点符号、特殊符号等。只需在相应卡片中选中所需特殊符号,然后单击"确定"按钮即可将所选特殊符号插入单元格中,如图4-18所示。

(6)画斜线"/"打"√"。进行表格填写时,有时候会根据实际工程的需要在单元格中画斜线"/"或者打"√",本系统提供了方便的画斜线"/"或者打"√"的功能。其具体操作方法如下。

1)画斜线"/"。首先,用鼠标选择要画斜线的单元格,然后单击"常用工具栏"中的"画右斜线"按钮,则系统就会将所选单元格画斜线,如图4-19所示。

· 150 ·

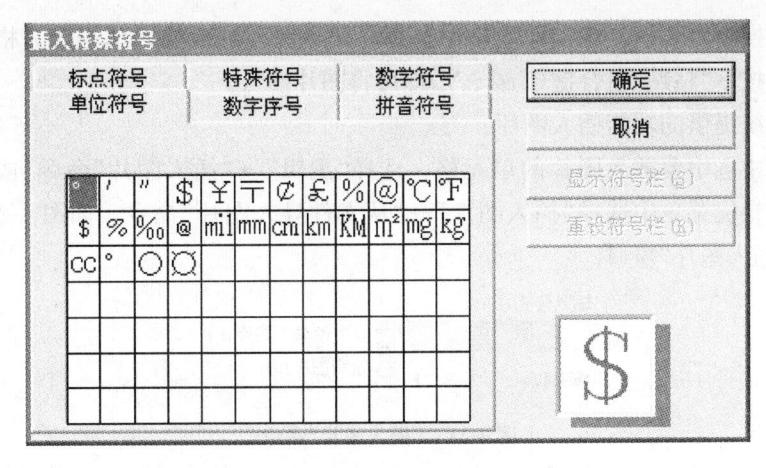

图 4-18 "插入特殊符号"对话框

图 4-19 画斜线

说明：有时为了表格的美观，也可以用键盘中的"/"来替代斜线。

2)打"√"。首先，用鼠标选择要打"√"的单元格，然后单击""中的"填充√"按钮，则系统就会将所选单元格打"√"。也可以直接使用插入特殊符号的功能来实现单元格打"√"。

(7)插入/清除图片。有些表格按照要求需要在单元格中插入图片(如 C3-1 工程定位测量记录)，本系统可以十分方便地将图片插入单元格中，并且在插入图片的同时还可以输入说明性文字(在仅仅使用图片无法清楚表达问题的情况下，就需要在插入图片的同时还输入说明性的文字)，如图 4-20 所示。

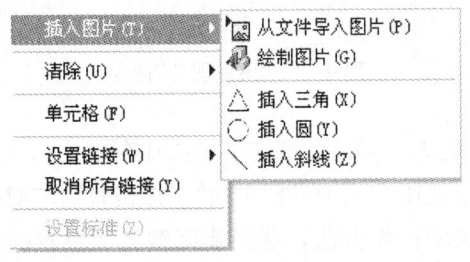

图 4-20 插入/清除图片

在单元格中插入图片的方法有两种，即直接粘贴图片和利用系统提供的功能插入图片。

1)直接粘贴图片。使用相应程序打开图片文件(如 AutoCAD 等)，选中要插入单元格的图片(全部或部分)，然后按下"复制"组合键(Ctrl＋C)，将所选图片复制到系统剪切板中，然后将窗口切换至本系统,在当前表格中选择要插入图片的表格,单击该表格中要插入图片的单元格,按下"粘贴"组合键(Ctrl+V)即可将图片插入。

2)利用系统提供的功能插入图片。

①在表格中选中要插入图片的单元格,选择"编辑"→"插入图片"命令(或单击鼠标右键,从弹出的快捷菜单中选择"插入图片"→"从文件导入图片"命令,如图 4-21 所示),则系统将弹出"插入图片"窗口。

图 4-21 "插入图片"命令

②然后选择"图片组列表"中的某张图片,然后单击"图片设置"中的"设置图片"按钮,则系统将弹出"打开"对话框。

③双击要插入的图片(或选中图片,单击"打开"按钮),即可将该图片导入"图片组列表"中。

④在"插入图片"窗口中设置图片效果,然后单击"确定"按钮即可将图片插入表格中。

⑤如果"图片组列表"中的图片组已经全部导入了图片,则可以单击"增加图片组"以增加一行图片(单击"减少图片组"则将删除最后一行图片)。

3)可以使用软件系统自带的画图工具绘制图片,在绘制结束后单击"添加",系统自动将用户绘制的图片插入表格当前绘图单元格中。

4)清除图片。清除图片的操作十分简单:选择已经插入图片的单元格,然后单击鼠标右键并从弹出的快捷菜单中选择"删除图片"命令,则系统就会将该单元格中的图片清除,如图 4-22 所示。

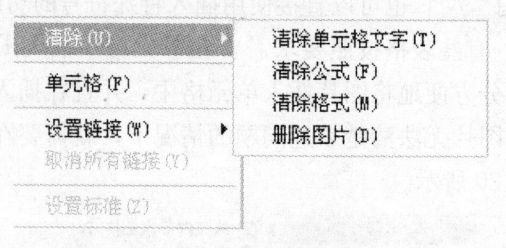

图 4-22 "清除图片"命令

(8)调整。为了表格的美观,可以调整文字和图片在单元格中的位置。调整文字样式和位置的操作比较简单,可以使用常用工具栏中的"字体格式"和"对齐方式"按钮来解决。

1)调整文字的对齐方式的操作方法:选择要调整文字位置的单元格,单击工具栏中的"对齐"按钮。

2)调整图片位置的操作方法如下:

①选择要调整图片位置的单元格,然后单击鼠标右键,从系统弹出的快捷菜单中选择"单元格格式"命令,则系统将弹出"单元格属性"对话框,在该对话框中选择"对齐"标签,如图 4-23 所示。

· 152 ·

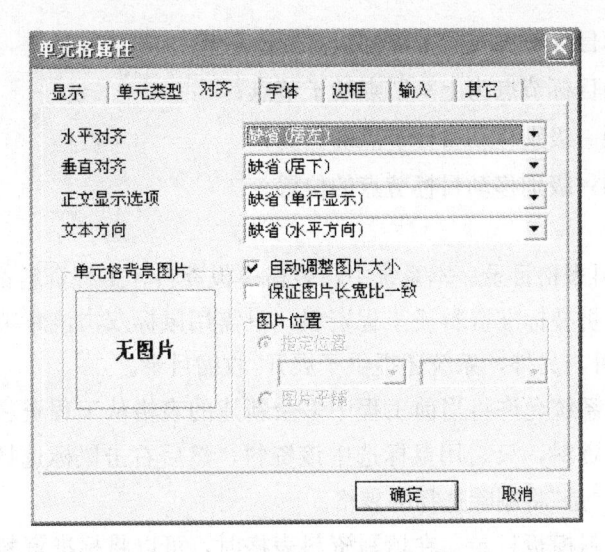

图 4-23 "单元格属性"对话框

②然后根据需要选择相应的图片对齐位置，单击"确定"按钮即可。

(9)调整行高和列宽。实际处理资料时，有些表格中的单元格需要根据实际填写的内容来调整行高和列宽。其具体操作方法如下：

1)选择要进行单元格行高和列宽调整的表格，单击"视图"菜单，选择"行标""列标"，则系统将显示表格的行标或列标。

2)将鼠标放置在行标的下边界或列标的右边界，然后向下或向右拖动鼠标以调整到合适的行高或列宽。

(10)资料搜索。如果要在资料表格模板中搜索某表格，可以单击工具栏上的按钮，则系统将会弹出"查找"对话框，如图 4-24 所示。在该窗口中可根据客户输入的关键字，在表格模板目录中进行搜索。搜索到目标表格后，系统将会显示该表格。

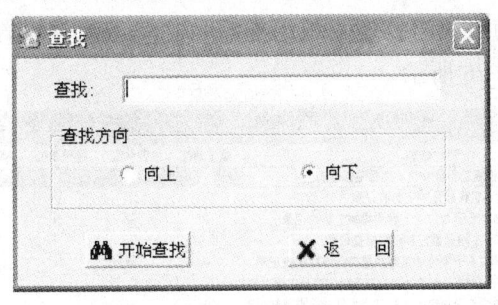

图 4-24 "查找"对话框

(11)调整目录结构。本系统允许调整当前工程资料的目录结构，如图 4-25 所示。

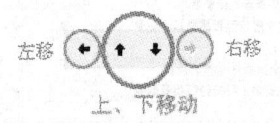

图 4-25 上下左右移动

· 153 ·

← 左移，移动目标节点与父节点同级；

➡ 右移，移动目标节点为上一节点的子节点；

↑ 上移，在同一级别移动目标节点的位置；

↓ 下移，在同一级别移动目标节点的位置。

(12)其他操作。

1)展开/折叠资料表格目录。本系统中，表格模板资料、工程资料都是以目录树结构组织的，如果要展开或折叠标准资料或工程资料，只需用鼠标双击该章节或单击章节前面显示的"＋/－"符号即可，另外，系统还提供了展开/收缩目录。

2)删除资料。本系统允许将当前工程中多余新建的表格从工程资料目录中删除。如果要删除当前工程中的资料，只需用鼠标选中该资料，然后右击鼠标选择 ✕ 删除表格(D) 按钮，系统提示如下，单击"是"将删除选择的表格。

3)隐藏(显示)资料模板目录。在填写资料表格时，可以将标准资料区域及工程资料区域关闭，以便工作区获得较大的屏幕显示；并可随时根据需要重新显示标准资料区域或工程资料区域。

其操作方法如下：直接用鼠标单击窗口工具栏中的"隐藏/显示标准"及"隐藏/显示工程"按钮即可；也可以用鼠标直接拖动相应的"消隐/显示"按钮。

(四)技术资料组卷

完成表格的填写及编辑工作之后，就可以进行资料组卷了。本系统具有自动组卷功能，是按照新建工程时设定的各个地区组卷目录来进行自动组卷。

下面将详细介绍有关技术资料组卷的操作。

1. 窗口简介

在"资料编辑"窗口中进行了表格的填写及编辑操作后，选择"资料上报"→"电子组卷"命令，则系统将弹出当前工程的技术资料组卷窗口，单击组卷设置将弹出用户对当前工程资料的组卷设置，如图 4-26 所示。

图 4-26 "组卷"设置对话框

该对话框分为两种区域：一是当前工程资料目录区；二是当前工程所对应的标准卷(包括施工单位卷、监理单位卷、建设单位卷、档案馆卷和监督单位卷)。各个区域的作用如下：

(1)当前工程资料目录区——该区域用于显示当前工程中已经存在的资料表格(即在"技术资料编辑"窗口中填写、编辑过的表格)。

(2)当前工程所对应的标准卷——该区域用于显示与当前工程所对应的标准卷目录(工程目录右方和单位组卷的下方的"√"是表格与相应组卷的对应关系)。即在"新建工程"操作时工程所选择的组卷目录。

2. 组卷的有关操作

(1)找到表格在当前工程与组卷设置区域单位的对应关系，在所选表格对应的单位组卷类别下面画"√"，便可手动组入所属的单位卷中。

(2)单击"单位类别"按钮，返回到前一个界面，选择组卷单位，单击"开始组卷"按钮，弹出"另存为"对话框，输入文件名后，单击"保存"按钮，组卷完成后显示如图4-27所示的对话框。

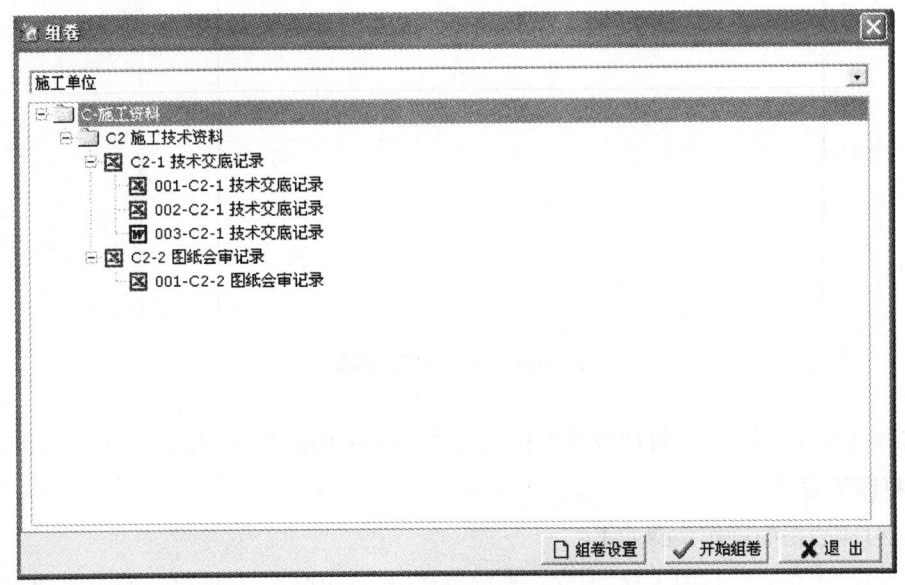

图4-27 组卷完成后对话框

(3)重复上述操作即可将所有"未自动组卷"表格组进当前工程卷中。

说明：对于系统自动组卷的表格，如果要根据实际需要调整该表格在卷目录中的位置时，也可以使用上述操作。

3. 浏览组卷资料

组卷完成后，在桌面上生成一个该工程的文件夹，在文件夹里有一个浏览器文件和组卷生成的单位文件，双击打开浏览器文件，通过文件菜单选择"打开文件"，浏览组卷的表格资料，可以进行单页打印和整个组卷资料打印。有了此功能，可以把组卷的资料带到任何一台计算机上浏览和打印。

4. 打印单张表格

打印单张表格的操作方法如下：只需在相应窗口中打开并选择需打印的表格，然后单击常用工具栏中的"预览"按钮或选择"工程"→"打印预览"命令，即可进入当前表格的预览窗口，如图 4-28 所示。

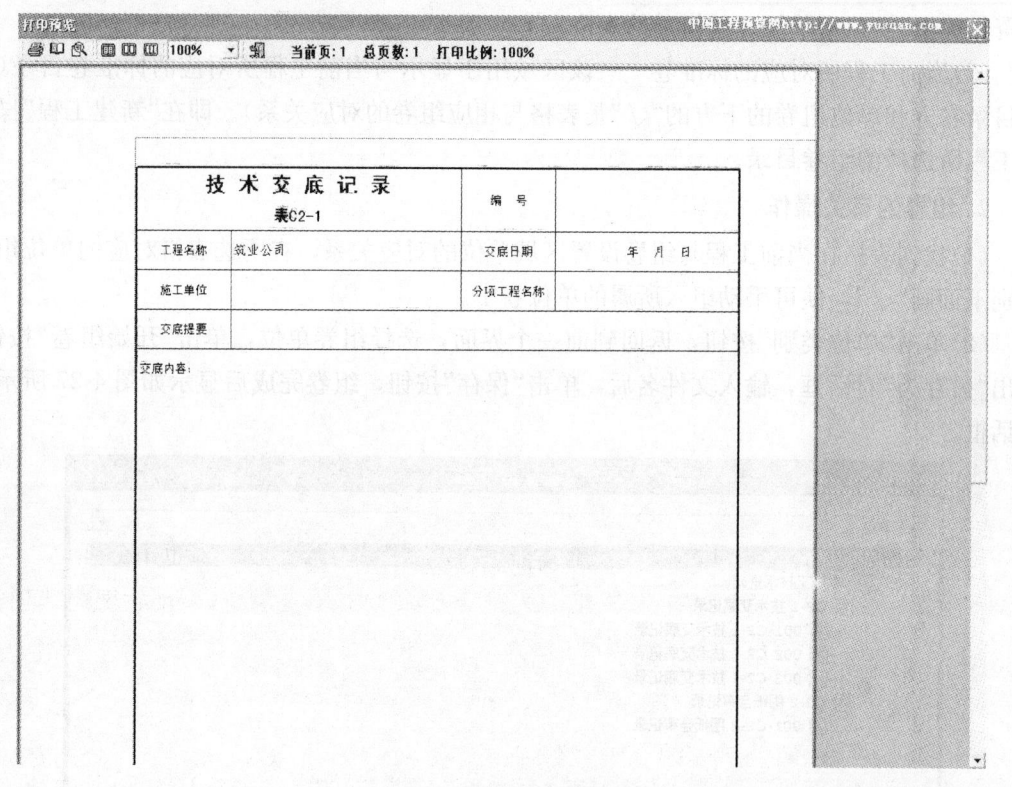

图 4-28 "打印浏览"界面

在该窗口中，用户可对打印设置作相应调整，然后单击"打印"按钮即可打印出当前页。

5. 打印工程

成批打印表格的操作步骤如下：

(1)选择"工程"→"打印工程"命令，系统将弹出"打印设置"对话框，如图 4-29 所示。

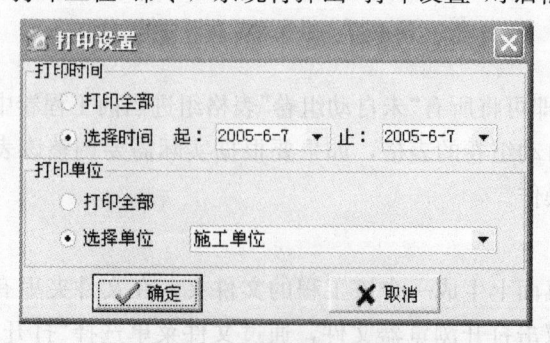

图 4-29 "打印设置"对话框

(2)通过打印时间和打印单位的设置来打印您所需要的资料表格。

6. 页面设置

在打印单张表格的预览窗口中,单击窗口顶端的"页面设置"按钮,系统就会弹出"页面设置"对话框,如图 4-30 所示。

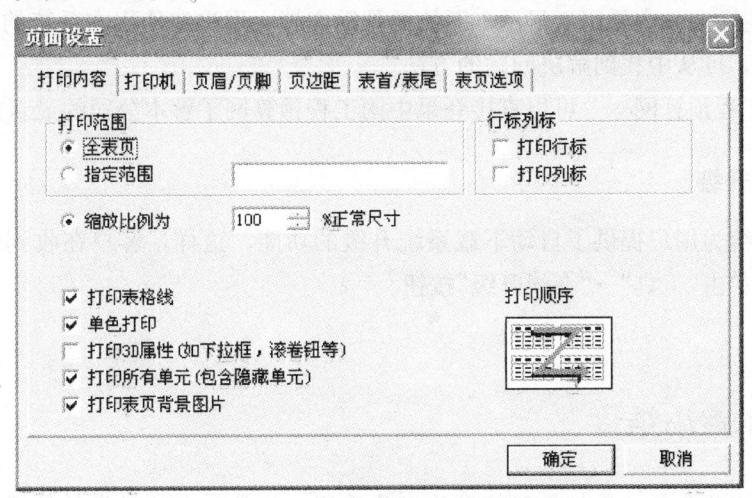

图 4-30 "页面设置"对话框

该对话框中的设置选项非常丰富,对打印操作各个细节的控制功能也十分强大,可以设置打印的选项有:打印内容、打印机、页眉/页脚、页边距、表首/表尾、表页选项等。可根据实际需要来具体设置打印选项。

四、系统的辅助功能

除前面介绍的系统功能和操作之外,本系统还提供了另外一些辅助功能,可以根据实际需要来选用。

(一)工程管理

1. 打开/删除工程

(1)打开工程:单击工具栏的"打开"按钮或选择"工程"→"打开工程"命令,在弹出窗口中选择要打开的工程文件,单击"打开"按钮。

(2)删除工程:单击工具栏的"打开"按钮或选择"工程"→"打开工程"命令,在弹出窗口中右击鼠标选择要打开的工程文件,选择"删除"命令。

2. 工程信息维护

登录系统、打开某工程后,可以对其工程信息进行维护,其操作方法是:选择"系统维护"→"工程信息"命令,系统即会弹出"设置工程信息"窗口。在该窗口中,可以修改当前工程的相关信息。

(二)系统帮助

系统帮助主要集中在"帮助"菜单中,主要包括关于本软件、帮助主题、中国工程预算网。

各个菜单项的作用如下:
(1)关于本软件——主要用于显示系统的开发商、版本等信息。
(2)帮助主题——主要用于显示本系统的帮助文档。用户在使用本系统的过程中,如果遇见疑难问题,可从中找到解决问题的方法。
(3)中国工程预算网——可以直接登录中国工程预算网了解本公司的最新信息。

(三)软件升级

本软件系统为用户提供了自动下载系统升级的功能,这样,客户在收到需要下载升级的信息时,可单击"工具"→"在线升级"按钮。

本章小结

本章主要内容包括计算机管理档案的发展历程、计算机在档案资料管理中的应用,以及建筑工程资料管理软件的具体应用。本章以北京筑业新技术有限责任公司开发的《资料大师——建筑工程技术资料管理软件》为例讲解了计算机档案管理软件的功能、特点、使用方法。

参 考 文 献

[1] 行业标准. JGJ/T 185—2009 建筑工程资料管理规程[S]. 北京：中国建筑工业出版社，2009.

[2] 国家标准. GB/T 50328—2014 建设工程文件归档规范[S]. 北京：中国建筑工业出版社，2014.

[3] 国家标准. GB/T 50107—2010 混凝土强度检验评定标准[S]. 北京：中国建筑工业出版社，2010.

[4] 行业标准. JGJ/T 70—2009 建筑砂浆基本性能试验方法标准[S]. 北京：中国建筑工业出版社，2009.

[5] 地方标准. DB21/T 1342—2004 建筑工程文件编制归档规程[S]. 沈阳：白山出版社，2004.

[6] 辽宁省建筑工程文件编制归档规程指南. 辽宁省建设工程质量监督总站，2005.

[7] 郑伟，许博. 建筑工程资料整理[M]. 广州：中南大学出版社，2013.

[8] 尹素花，田春艳，杨卫国. 建设工程技术资料管理[M]. 上海：上海交通大学出版社，2014.